가볍게 읽는 부동산 왕초보 상식

내 집을 갖고 싶은 당신을 위한 최소한의 부동산 공부

가볍게 읽는 부동산 왕초보 상식

태유정 지음

프롤로그

부동산 왕초보라고 해서 부동산을 포기할 필요는 없습니다. 집은 필수재이니까요. 부동산 공부의 가장 큰 장벽 중 하나는 '부동산 공부에 시간을 들여 봤자 집 하나를 살 수 있을까?' 하는 막연함과 두려움 때문입니다. 현재 나의 자산으로는 꿈도 꿀 수 없다고 생각할 수도 있죠.

저는 대학생 때부터 부동산에 관심이 있었고, 임장(사고 싶은 부동산이 있는 지역을 직접 방문해서 둘러보는 것)도 많이 해 봤습니다. 하지만 제가 모은 돈으로 집을 산다는 건 터무니없는 일이었습니다. 만약 그때 좌절하고 부동산에서 눈을 돌렸다면 지금의 저는 없었을 겁니다.

'오늘의 기분은 내가 정한다'라는 말처럼 내 집 마련을 포기하지 않는 것도 여러분의 선택입니다. 이 책은 현실에 좌절하지 않고 내 집 마련에 관심을 가지기 시작한 부동산 왕초보들을 위해 썼습니다.

여러분이 집에 대한 자신만의 기준을 세우고, 그에 딱 맞는 집을 고르도록 도와드리고 싶습니다. 실제로 2017년에 강의를 시작한 이후 수강생의 상당수가 자신에게 맞는 집을 찾았고 목표를 이루어 가고 있습니다.

공인 중개사로서 수많은 상담을 진행하며 '부동산'은 아무리 친한 사람이 더라도 선뜻 이야기할 수 없는 주제라는 걸 느꼈습니다. 상담을 받으러 온 분 중에는 오롯이 혼자 감당하느라 힘들었던 마음에 눈물을 보이는 분도 있 었습니다. 부동산 이야기를 하려면 돈 이야기부터 시작해야 하기 때문이죠. 사람마다 기준이 다르므로 돈이 많다고 하기에도 적다고 하기도 어렵습니 다. 객관적으로 바라봐 줄 사람이 필요합니다.

12년 이상 공교육을 받으면서 부동산에 대한 교육은 얼마나 받아 보셨나 요? 예전에도 그렇고, 지금도 부동산이라고 하면 '건물주'라는 단어가 먼저 떠오를 뿐 제대로 된 교육이 없다시피 합니다. 하지만 문제는 부동산이란 누구나 한 번쯤 접하는 중요한 재화라는 사실이죠. 여러분은 이렇게 중요한 부동산을 어떻게 준비하고 싶으신가요?

부동산을 공부하는 일을 마치 연애 상대를 찾는 것이라고 생각해 보면 어 떨까요? 연애도 하면 할수록 자신이 어떤 사람을, 어떤 연애 스타일을 선호 하는지 알게 되기 마련입니다. 자신의 마음을 알아갈수록 연애도 더 수월했 던 거 같아요. 내 집 마련도 어쩌면 연애와 비슷한 점이 많다고 생각합니다.

앞으로 어떤 삶을 살 것인지 생각하다 보면, 나에게 어떤 집이 필요한지 점점 자신만의 길이 보이게 될 거예요.

이 책에서는 내 집 마련 계획을 세우고 일반 매매를 통해 집을 사는 과정을 전체적으로 훑어볼 예정입니다. 부동산 왕초보에게 맞는 눈높이에서 쉬운 언어로 소개해 보려고 합니다. '부동산 = 돈'이라고 생각하는 사람들이 많지만 저는 그것이 전부라고 생각하지 않습니다. 그 이상을 볼 수 있는 넓은 시야를 가진 여러분이 되기를 바랍니다.

— 태유정 —

[목차]

 1장 부동산 공부의 시작

 2장 일반 매매 훑어보기

부동산 공부의 시작

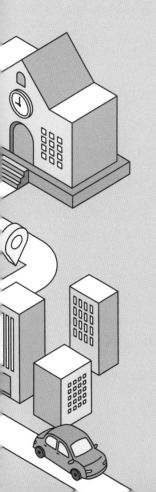

멀게만 느껴지는 부동산

부동산에 대해 아무것도 모를 때는 어렵게만 느껴지죠. 하지만 사람은 살면서 적어도 한 번쯤은 부동산이라는 재화를 접해요. 월세나 전세 계약은 물론, 매매하는 경험까지 말이죠. 미리 대비하지 않으면 금전적인 손해를 보거나, 반대로 돈을 벌 기회를 놓칠 수도 있어요.

부동산 중개업을 막 시작했을 때, 지인에게 상담 요청을 받았습니다. 바로 부동산 계약이 잘못된 것 같다는 문의였죠. 그 이후에도 다른 지인들로부터 부동산 계약이 이상한 거 같다는 문의 전화가 몇 차례 더 걸려왔어요. 저는 그제야 '생각보다 사람들이 부동산에 대해 잘 모르고 있구나' 하고 생각하게 되었습니다. 모두 '집'이라는 공간에 살고 있으면서 왜 부동산과는 가까워질 수 없었던 걸까요? 제가 지켜본 바 크게 세 가지 이유가 가장 많았어요.

첫째, 대체 얼마나 많은 돈을 모아야 하는지에 대한 좌절감입니다. 우리나라도 빈부 격차가 점점 심해지고 있고, SNS가 발달하면서 상대적 박탈감을 느끼게 되는 일이 많은 것 같아요. 언론에 보도되는 부동산 뉴스 또한 우리를 점점 부동산과 멀어지게 만듭니다. 분양가가 10억 이하면 저렴하다는 생각이 담긴 기사를 읽고 있으면 괜히 마음이 무거워지기도 합니다. '1억 모으기도 힘든데, 10억이 저렴하다니.' 하며 부동산은 나와 상관없는 것이라고 생각하게 됩니다. 결국, 시작도 하기 전에 좌절감부터 들게 되는 것이지요.

둘째, 부동산 공부를 어디서부터 어떻게 시작해야 하는지에 대한 막막함입니다. 부동산에 관심이 생겨 알아보려 해도 입문자를 위한 정보는 좀처럼 찾아보기 어렵습니다. 부동산 용어를 접해도 그 용어가 대체 어디에 쓰이는 것인지 모른다면 읽자마자 내용이 휘발되어 버립니다. 부동산 투자와 관련된 정보는 앞다투어 이야기하지만, 아직 부동산을 투자 관점에서 접근해야 할지 정하지도 못했기에 선뜻 손이 가지 않습니다. 부동산은 대부분 투자의 관점에서 접근하므로 그렇지 않은 사람들을 위한 정보는 많이 부족한 것 같아요.

셋째, 집을 사기 위한 대출로 인해 빚이 생긴다는 부담감과 거부감입니다. 주택을 담보로 대출을 받으면 갚아 나가는 기간이 보통 40년, 짧아 봐야 30년 정도입니다. 30대에 대출을 받으면 60~70대가 되어서야 빚을 다 갚을 수 있는 겁니다. 그뿐만 아니라 금리가 급격하게 올라 대출 이자가 상승했다는 이야기도 들어보았을 겁니다. 금리가 상승하면 돈을 모으는 사람에게는 좋은 일이겠지만, 돈을 빌린 사람에게는 부담으로 작용합니다. 그런데 그 와중에 내가 대출받아서 산 집값이 하락한다면 엎친 데 덮친 격이 되고야 마는 겁니다.

또, 대출이라고 하면 거부감이 드는 심리적인 원인도 있을 거예요. 우리나라에서 개인 대출이 언제부터 가능했을지 생각해 볼까요. 1950년 6·25 전쟁 이후 우리나라는 경제 기반을 갖추기까지 꽤 오랜 시간이 걸렸습니다. 1960년대 이후에 기업 대출이 생기고 1980년대에 들어와서야 개인 대출이 생겼는데 이때 모든 사람이 대출을 이용했던 것은 아닙니다. 아마 지금 50대 이상인 분들은 대출을 받아보지 않았던 분들이 많을 수 있다고 예상합니다. 만약 그들의 자녀로 양육됐다면 대출에 대해 부정적으로 느낄 가능성이 클 것입니다.

이 세 가지 걸림돌은 부동산 초보자 대부분이 맞닥뜨려요. 사실 어떤 일이든 경험해 보지 않은 일은 두렵게 느껴져요. 그래서 여러분에게 '내 집 마련 계획서'가 필요한 거예요. 일단 계획을 세우고 작은 목표부터 하나씩 달성해 나간다면 부동산에 대한 두려움도 많이 사라지게 될 거예요!

주택의 종류에는 무엇이 있을까?

지금 여러분의 주위를 둘러보세요. 다양한 주택에 둘러싸여 있다는 것을 새삼 느낄 수 있을 거예요. 상담하다 보면 사람마다 살고 싶은 집의 형태가 매우 다르다는 걸 느낍니다. 비슷한 점은 자신이 어릴 적 어떤 주택에서 살았는지가 앞으로 살고 싶은 주택에 많은 영향을 준다는 겁니다.

현재 우리나라 주택의 절반 정도를 아파트가 차지하고 있습니다. 앞으로 주택을 구매하기 원하는 사람들은 아파트에서 자란 '아파트 키즈'가 많을 거로 예상되죠. 아파트가 아닌 다른 형태의 주택이라면 아파트가 지닌 장점을 구현하거나, 아파트와는 다른 매력이 있어야 경쟁력을 갖출 수 있을 거예요. 그럼 이제 주택의 종류에는 무엇이 있는지 간단하게 알아볼게요.

주택은 크게 단독 주택과 공동 주택으로 나뉩니다. 단독 주택은 소유자가 한 명이고, 공동 주택은 한 건물의 호마다 등기(소유)가 가능해 소유자가 여러 명이라고 생각하면 됩니다. 그리고 완전한 주택은 아니지만, 준주택에 속하는 오피스텔이 있습니다.

공동 주택에는 아파트, 연립 주택, 다세대 주택이 속합니다. 가장 흔한 주거 형태인 아파트는 주택 용도로 쓰는 층수가 5개 층 이상이어야 합니다. 연립 주택과 다세대 주택은 둘 다 4개 층 이하여야 합니다. 다만 다세대 주택의 경우 1개 동의 바닥 면적 합계가 660m² 이하로 제한이 있습니다. 이보다 더 크다면 연립 주택이라고 생각하면 됩니다.

단독 주택에는 단독 주택, 다중 주택, 다가구 주택이 속합니다. 순수한 단독 주택은 면적 제한이 없고 1세대만 거주할 수 있습니다. 다중 주택은 주택 용도로 쓰는 층수가 3개 층 이하이며, 독립된 주거 형태를 갖추지 않아야 합니다. 이는 취사 시설이 각각의 호별로 설치되지 않아 공동으로 사용하는 것을 말합니다. 다가구 주택은 주택으로 쓰는 층수가 3개 층 이하여야 하고, 19세대 이하로 거주할 수 있습니다. 한 호에 임대차 계약은 가능하지만, 개별 매매 거래는 불가능하여 건물 전체를 통으로만 거래할 수 있습니다.

다세대 주택과 다가구 주택은 외관상 그 형태가 비슷하기도 합니다. 공식적으로 어떤 주택인지 정확히 알려면 건축물대장을 살펴봐야 합니다. 물론 둘 다 거주가 가능하고 법적 보호를 받을 수 있습니다. 다만 다가구 주택의 경우 집주인이 건물을 담보로 빌린 금액이 적정 비율을 넘어가게 되면 새로운 세입자가 전세로 들어가려 할 때 전세 대출이 거절될 수 있습니다. 또한, 한 명의 집주인이 건물의 여러 집을 모두 소유하고 있으므로 선순위 보증금(집주인이 먼저 돌려주어야 하는 보증금)이 있다면 문제가 생겼을 때(집이 경매에 넘어가는 등) 내 보증금을 돌려받지 못할 위험도 있습니다. 따라서 다가구 주택에 전세로 들어갈 경우 훨씬 더 철저하게 알아보아야 합니다.

준주택에 속하는 오피스텔은 오피스(Office)와 호텔(Hotel)의 합성어로, 업무와 주거 기능을 겸하는 공간이라는 의미를 담고 있습니다. 오피스텔은 건축법상으로는 일반 업무 시설로 분류되지만, 주거 용도로 사용하는 경우 주택으로 인정되어 주택에 해당하는 세법을 적용받습니다. 주거용 오피스텔은 전입 신고가 가능하며, 만약 다른 주택을 소유하고 있다면 다주택자로 인정되어 양도 소득세에서 중과세를 적용받습니다. 하지만 청약 시에는 주거용 오피스텔을 소유하고 있어도 무주택자로 인정됩니다. 단, 청약 제도가 계속 바뀌고 있기에 조건이 변경될 수 있다는 사실을 염두에 두시길 바랍니다.

주택의 종류가 부동산을 공부하는 데 왜 중요할까요? 여러분이 만약 대학에 입학했다면 나의 전공 외에 어떤 전공이 있는지, 거기서는 어떤 공부를 하는지 별로 관심이 없었을 거예요. 사실 저도 제가 관심 있었던 공학 계열 외에는 다른 과가 무엇을 하는지 몰랐어요. 만약 그때 알았더라면 교양 과목으로나마 접해 볼걸이라는 아쉬움이 남아요. 집을 선택할 때도 사실 자신이 지금까지 살았던 주택의 형태만을 생각하기 때문에 생각의 폭을 넓히기가 쉽지 않아요. 앞으로 어떤 삶을 살게 될지는 알 수 없지만, 주택의 종류를 유연하게 선택한다면 다양한 삶을 그려볼 수 있지 않을까요?

집을 사는 방법은 크게 세 가지

집을 사는 방법은 크게 세 가지가 있습니다. 청약, 일반 매매, 경매로 나눌 수 있는데요. 하나씩 살펴볼까요!

🏠 청약

청약 예금에 가입한 자에게 새로 짓는 아파트에 청약할 수 있는 자격을 주는 제도로, 새 아파트를 시세보다 저렴한 가격에 살 수 있는 방법입니다. 보통 아파트 건축 공사를 시작하면서 바로 분양 모집을 합니다. 이를 선분양이라고 하며 공사가 60~70% 정도 진행되고 나서 후분양을 하기도 합니다. 청약에 당첨되고 아파트가 지어지기까지는 규모에 따라 다르긴 하지만 대략 3~4년 정도의 시간이 소요됩니다. 집이 다 지어지고 나면 주택 담보 대출을 받아 입주할 수 있습니다. 완공 후 금액은 물가 상승률에 따라 최초 분양가보다 높아지는 것이 일반적입니다. 청약의 경우 시세보다 저렴한 가격으로 새집을 구매할 수 있다는 장점이 있지만 그만큼 경쟁률이 매우 높습니다.

⌂ 일반 매매

　가장 일반적인 내 집 마련 방법으로, 부동산 중개소를 통해 집을 사는 것을 말합니다. 주변 시세에 맞춰 매매하므로 집값이 높을 수도 있습니다. 다만 나와 있는 매물을 직접 보면서 비교할 수 있고, 자신의 일정에 맞추어 입주할 수 있다는 장점이 있습니다.

⌂ 경매

　집주인이 집을 담보로 빚을 지고 상환하지 못했을 때, 집을 팔아 돈을 빌려준 사람에게 돌려주기 위해 법원에서 진행하는 강제 절차입니다. 경매에 나온 집은 시세보다 저렴하게 살 수 있습니다. 다만 권리 분석 등 경매에 대한 사전 지식이 필요하므로 초보자에게는 어려운 방법입니다. 그리고 모든 매물이 경매에 나오는 것이 아니므로 내가 원하는 집이 없을 수도 있습니다.

　이 책에서는 가장 대중적인 내 집 마련 방법인 일반 매매를 기준으로 계획서를 작성하고 임장하는 방법을 알려 드리고자 합니다. 일반적인 절차와 내용을 알아 두어야 응용도 가능하니까요. 초보자라면 일반 매매에 대한 지식을 쌓은 다음, 청약과 경매에 도전하는 것을 추천합니다.

부동산 공부의 시작

집값, 오르락내리락

집을 사려고 고민할 때 가장 궁금한 것이 무엇일까요? 당연히 '앞으로 집값이 오를까, 내릴까?'일 거예요. 집값에 영향을 주는 것은 여러 가지가 있겠지만 크게 보면 주택 수요와 금리가 있어요. 그 상관관계에 대해 알아볼게요.

주택 수요가 늘고 금리가 내려가면 집값은 상승할 수 있습니다. 반대로 주택 수요가 줄고 금리가 올라가면 집값은 하락할 수 있고요. 왜 그런 걸까요?

집은 워낙 고가이기 때문에 현금만 가지고 사긴 어렵습니다. 대부분 대출을 이용하죠. 이때 금리가 내려가면 이자 부담이 줄어드니까 더 많은 사람이 집을 사고 싶어 할 수 있습니다. 원래는 대출 이자가 200원이었는데 100원으로 확 내려가면 '어, 나도 이 기회에 대출받아서 집을 사볼까?' 하는 생각이 들 수 있잖아요. 그러면 주택 수요는 점점 늘어나는데, 그렇다고 집을 공장에서 물건 찍듯이 막 지어서 늘릴 수는 없습니다. 그만큼 어떤 집을 사고자 하는 사람들이 몰려 경쟁률이 높아지면, 집주인은 자연스럽게 집값을 올리게 됩니다. 그래도 집을 사고 싶어 하는 사람이 많으니까요.

반대로 금리가 오르면 대출 이자가 늘어나죠. 그만큼 대출받아 집을 산 사람들은 대출 이자 부담 때문에 집을 얼른 팔아야만 하는 상황에 몰릴 수 있어요. 예전에 대출 이자를 100원 내다가 갑자기 200원씩 내야 한다고 하면, 집주인은 집을 팔려고 하고 집을 사려는 사람들은 줄어들 거예요. 주택 수요가 줄어들면 집주인은 자연스럽게 집값을 낮출 수밖에 없겠죠.

사회적인 측면에서 사람들이 집을 어떻게 인식하는지도 중요해요. 요즘에는 결혼을 꼭 해야 한다는 인식도 희미해지고 있잖아요. 결혼과 함께 자연스럽게 독립했던 시대와는 다르게, 지금은 부모님과 한집에 계속 사는 경우도 많죠. 그러면서 내 집 마련은 우선순위에서 점점 밀려나는 것 같아요.

경제적으로도 여러 요인에 따라 소득 격차가 벌어지면서, 부동산에 대한 인식도 양극화되고 있어요. 소득이 상대적으로 적다고 느끼는 사람은 결혼이나 내 집 마련을 아예 포기하기도 하죠. 반면 소득이 상대적으로 많고, 대출 등 자금을 동원할 능력이 있는 경우에는 부동산을 자산이라고 생각해요. 집값은 집을 마련할 만한 경제적 여력이 뒷받침되는 새로운 수요층이 생겨나야 상승세를 이어 나갈 수 있어요. 앞에서 살펴봤던 것처럼 부동산을 살 사람이 없는데 계속 가격이 상승할 리는 없으니까요.

그런데 현재 부동산 시장은 이 새로운 수요층의 성장보다는 이미 부동산을 소유한 사람들이 더 많은 부동산을 소유하고자 하는 상황이에요. 자산을 늘리는 전략을 취하고 있는 거죠. 물론 그렇다고 해서 집값이 하락한다거나 상승한다는 것은 아닙니다. 다만 집을 사려고 하는 사람들이 점점 줄어든다면, 장기적으로 봤을 때 선호도가 높은 주택이 아닌 경우 가격 하락은 자연스러운 현상일 수 있다는 겁니다.

여러분은 앞으로 집값이 어떻게 될 거라고 생각하나요? 또 그 이유는 뭐라고 생각하시나요? 지난 50년 동안 집값이 올라가기만 하지는 않았습니다. 단기적으로 봤을 때 집값이 내려갔던 때도 있었지요. 그래도 장기적으로는 우상향 그래프를 그렸어요. 만약 앞으로도 계속 집값이 올라갈 것이라 예상한다면, 그 이유로는 앞으로 집을 사려는 사람이 가족 단위가 아닌 개인 단위로 나뉘기 때문에 그만큼 수요가 많아질 거라는 것을 생각해 볼 수 있어요. 반대로 인구가 줄어들어 자본주의 체제 자체의 위기가 올 수 있다고 생각하면 집값이 내려갈 것이라고 예상해 볼 수도 있습니다. 우스갯소리로 향후 집값 전망에 대해 전문가에게 물어보면 맞출 확률이 반반이라고 합니다. 사실 미래는 아무도 섣불리 예측할 수 없다는 것이죠.

그럼 대체 부동산은 어떻게 준비해야 하는 걸까요? 부동산은 누군가에게는 '자산'에 가깝고, 누군가에게는 '주택'에 가깝습니다. 그에 따라 부동산 시장을 바라보는 기준도 달라져요. '자산'과 '주택'의 성격이 다르기 때문입니다. 그러므로 다른 사람들이 부동산 시장에 대해 논할 때 어떤 부동산을 어떤 기준으로 바라보고 이야기하는지 알기 어려워요. 그러니 이젠 남들이 좋다는 대로 따라가는 것이 아니라 자신에게 맞는 부동산 방향성을 찾는 것이 중요합니다. 부동산 공부를 하면서 떠오르는 나만의 질문을 써 보고 그 답을 찾아 나가며 공부하시는 걸 추천해 드려요. 부동산 공부가 다른 공부와 다른 점이 바로 이것인데요. 사람들이 각자의 부동산 이론을 가지고 있다는 겁니다. 한마디로 사람들의 얼굴만큼이나 개성이 넘치는 시장이 부동산 시장이라는 거죠.

부동산 정책, 이랬다저랬다

정부는 집값을 안정시키기 위해 대출 규제, 분양가 상한제 등 부동산 관련 정책을 꾸준히 제시해 왔어요. 그런데 매년 새롭게 생겨나는 정책은 오히려 부동산 시장에 혼란을 불러왔어요. 덕분에 부동산은 역시 어렵다는 인식만 심어주게 되었죠. 새로운 부동산 정책이 무엇을 뜻하는지 파악하는 것은 오롯이 개인의 몫이 되었기 때문이에요. 예상하건데 앞으로 더 많은 정책과 방안이 매번 제시될 거예요. 스스로 공부하지 않으면 부동산 정책의 의미와 시장의 변화를 읽기 어려울 거예요.

이런 이야기 들어보셨을 거예요. 어떤 정권이 들어서면 집값이 상승할 것이다. 반대로 어떤 정권이 들어서면 집값이 하락할 것이다. 사실 부동산 정책은 정치와 떨어질 수 없는 사이입니다. 우리나라는 부동산 문제를 두고 어떤 정책을 펼칠지에 따라 정권의 색깔이 달라져요. 그만큼 부동산이 정치적인 안건에서 벗어나지 못하고 끌려다니고 있다고 생각해요. 총선이나 대통령 선거 때마다 부동산 관련 정책을 새롭게 들고나와 공약으로 내세우고 있죠. 선거 공약 안에 있는 내용도 숙지하기 힘든데 부동산 관련 내용까지 파악하려니 머리가 아프실 거예요.

부동산 정책과 관련된 뉴스 기사를 읽어보아도 친숙하지 않은 용어 때문에 무슨 말인지 하나도 이해가 안 될 수 있어요. 하지만 다른 어떤 분야의 공부도 마찬가지죠. 익숙해지려면 자주 접해 봐야 해요. 모르는 용어는 검색도 하면서 부동산 뉴스를 하루에 하나씩이라도 읽어 보는 것을 추천합니다.

부동산 용어가 조금씩 이해되기 시작한다면 이제는 조금 더 어려운 영역으로 나아가도 좋아요. 관심 있는 부동산 분야를 심도 있게 다룬 책을 한 권 읽어 보세요. 경매도 좋고 청약도 좋아요. 우선 관심이 있어야 더 공부하고 싶고 시간을 할애할 테니까요. 그렇게 하나씩 꾸준히 하다 보면 어느새 부동산에 대한 감을 잡게 될 거예요.

부동산 정책과 관련된 정보를 얻고 싶다면 문화체육관광부 국민소통실에서 운영하는 대한민국 정부 정책뉴스포털인 '대한민국 정책브리핑'이나 국토교통부, 기획재정부 등 관계 부처가 합동 운영하는 사이트인 '부동산대책 정보사이트 정책풀이집'을 검색하여 참고해 보시는 걸 추천합니다.

부동산, 나만의 계획이 필요한 이유

감히 확신하는데 여러분이 세상을 살아가는 동안은 부동산이라는 재화를 삶에서 떼놓을 수 없을 거예요. 제가 20대부터 70대까지 다양한 고객을 만나면서 깨달은 한 가지는, 부동산 공부는 일찍 시작할수록 좋다는 거예요.

돈을 벌기 위해서는 두 가지가 필요하다고 하죠. 바로 '돈'과 '시간'이에요. 전자는 돈을 투자해서 돈을 버는 방법으로 자본력이 필요해요. 젊은 사람에게는 시간은 많지만, 상대적으로 자본은 부족하죠. 그러므로 젊을수록 '시간'에 투자해야 한다는 결론에 도달해요. 돈을 버는 데 있어 '시간'은 엄청난 무기이기 때문이에요.

그렇다면 주어진 시간을 효율적으로 활용하기 위해서는 어떻게 해야 할까요? 계획을 세워야 합니다. 그리고 차근차근 내 집 마련을 위한 준비를 해 나가면서 계획을 조금씩 수정하다 보면 훨씬 미래가 잘 그려지고 방향이 명확해질 거예요.

이 계획에서 가장 중요한 것은 내가 살고 싶은 집에 대한 기준을 세우는 것입니다. 태어나면서부터 지금까지 자신이 거주했던 집을 토대로, 미래에 어떤 집에 살고 싶은지 생각해 보고 목표와 계획을 세워 정리해 보세요. 그러면 단순한 계획서가 아닌 나만의 인생 이야기를 담은 자료가 될 거예요. 계획서를 작성하고 수정해 나가면서 계속해서 질문해 봐야 하는 것은 '나에게 부동산이란 어떤 의미인가?'입니다.

과거의 자신을 살펴보면, 미래를 계획하는 데 도움이 되는 힌트를 많이 얻을 수 있을 거예요. 지금까지 어떤 삶의 태도로 살았는가에 따라 돈을 모으는 방법뿐만 아니라 부동산 계획까지 영향을 줄 테니까요. 부동산 방향성을 설정하는 데 그보다 중요한 건 없다고 생각해요. 무작정 남을 따라 하는 것보다, 여러분만의 '내 집 마련 계획서'를 완성하도록 도와드리고 싶어요.

내 집 마련 계획서는 시작이 반

여러분은 인생에서 부동산이 차지하는 비중이 어느 정도인가요? 아마 부동산보다 중요한 것이 훨씬 많을 거예요. 물론 자산 면에서는 부동산이 큰 비중을 차지하겠지만 삶의 우선순위가 무조건 돈에 따라 결정되는 건 아니니까요. 부동산이 여러분 인생의 어느 시점에는 굉장히 중요하게 여겨질 수 있지만, 영원히 그렇지는 않아요.

지금도 부동산 생각에 잠 못 이루는 분들이 많을 거예요. 실제로 부동산 생각을 너무 많이 하느라 일도 손에 잡히지 않고, 매일같이 핸드폰으로 부동산 관련 소식을 보다가 잠든다는 분이 많아요. 그래서 더더욱 여러분에게 내 집 마련 계획서를 만들라고 말씀드리고 싶어요. 여러분이 지금 당장 집을 살 계획이 없더라도, 부동산에 대한 큰 그림을 가지고 있다면 나중에 '부동산 병'에 걸릴 일이 없을 거예요. 첫눈에 반해 겪는 상사병처럼 크게 아프지 말고, 미리 준비해서 감기처럼 가볍게 앓고 지나가시길 바라요.

내 집 마련 계획서가 중요한 또 다른 이유는, 부동산 시장은 계속 변화하므로 꾸준한 관심과 노력이 필요하기 때문이에요. 종종 '나는 부동산으로 몇십억을 벌었다'는 등 자신만의 성공 비법을 이야기하는 영상이 폭발적인 조회 수를 기록하곤 해요. 우리가 그들의 이야기에 귀 기울이는 이유는 나에게도 적용할 방법이 있는지 찾기 위해서일 거예요. 하지만 막상 나에게 맞는 완벽한 방법을 찾았다 하더라도 그대로 적용하지 못하는 경우가 많아요. 부동산 시장은 계속 변화하기 때문이죠. 세상에 이 길이 완벽한 정답이라고 말할 수 있는 건 없어요. 중요한 건 나에게 맞는 길을 꾸준히 찾아 나가는 것이라고 말씀드리고 싶어요.

내 집 마련 계획서는 첫 번째가 있을 것이고, 두 번째, 세 번째, 그 이상의 많은 수정본이 만들어질 거예요. 중요한 것은 일단 시작해야 한다는 거예요. 여러분만의 계획표를 만드는 여정에 안내자가 되어드릴게요. 지금부터 한 걸음씩 차근차근 따라오다 보면 내 집 마련이라는 막막하던 길에 안개가 조금씩 걷히게 될 거예요.

일반 매매 훑어보기

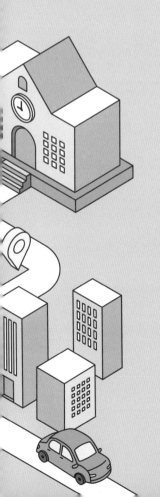

보편적인 내 집 마련 단계

일반 매매를 통해 집을 살 때는 보편적으로 다음과 같은 과정을 거쳐요.

예산
확인하기

» 주택 구매 목적
확인하기
(실거주, 투자 등)

» 목적에 따라 지역
및 주택 선정하고
임장 후보 정하기

» 해당 지역과
주택 임장하기

» 부동산 계약하기

» 부동산 소유권 관련
행정 업무 처리하기
(등기 등)

» 이사 및 주택
관리하기
(세입자 관리, 주택의
기본적인 기능 관리 등)

집을 살 때 필요한 비용

사람이 많다고 해서 일이 잘 흘러가는 것이 아니듯, 돈을 그냥 많이 모으기만 한다고 해서 모든 일이 해결되지는 않습니다. 현명하게 돈을 모으고 쓸 줄 아는 것이 중요하죠. 그래야 당장 닥친 일도 잘 해결하면서 미래도 대비할 수 있습니다.

집을 사기 위해서는 '집값'이 필요합니다. 그런데 과연 집값만 준비하면 될까요? 그렇게 생각했다가는 큰코다칩니다. 중개 수수료, 인테리어비 등의 부대비와 각종 세금을 생각해야 합니다. 그래서 예산을 짤 때는 집값의 10% 정도 되는 금액을 추가 여유 자금으로 편성해야 합니다. 통상적으로 집을 살 때 필요한 비용은 다음과 같습니다.

• **집값**

가계약금 : 부동산 계약 전 매물을 잡아두거나, 집주인의 변심에 의한 계약 해지를 막기 위해 내는 돈으로, 일반적으로 계약금의 10% 정도이다.

계약금 : 부동산 매매 계약 체결 시 치르는 돈으로, 일반적으로 매매 대금의 10% 정도이다.

중도금 : 계약금과 잔금 사이에 치르는 돈이다.

잔금 : 매매 대금에서 계약금과 중도금을 뺀 나머지 금액으로, 마지막으로 치르는 돈이다.

• 부대비

중개 수수료 : 공인 중개사가 부동산을 중개한 대가로 받는 보수로, 부동산 거래 금액에 따라 상한선이 정해져 있으며 협의가 가능하다.

등기 법무사 비용 : 법무사를 통해 부동산 등기했을 경우 발생하는 비용이며, 본인이 직접 등기하는 경우 발생하지 않는다.

인테리어 비용 : 노후 건물의 리모델링 등 인테리어 비용이다.

유지 보수 비용 : 건물의 하자를 보수하는 등 건물을 최적의 상태로 유지하는 데 드는 비용이다.

이사 비용 : 이사비, 가전제품 설치비, 인터넷 및 전화 이전비, 입주 청소비 등 이사 시 필요한 비용이다.

• 세금

취득세 : 부동산 등의 자산을 취득한 이에게 부과되는 세금이다.

보유세 : 부동산 보유 시 부과되는 세금으로, 재산세와 종합 부동산세가 해당된다.

양도 소득세 : 양도 차익(양도 소득세의 과세 대상이 되는 자산을 양도하여 발생한 이익으로, 집을 팔 때 집값이 올라서 얻는 이익)에 부과되는 세금이다.

2장
일반 매매 훑어보기
내 집 마련 목적이 무엇인가요?

집을 살 때는 집을 사는 목적이 가장 중요합니다. 어떤 집을, 어떤 기준으로 볼지 결정되기 때문입니다. 가장 중요한 것은 실거주(실제로 그 집에 사는 것) 여부입니다. 지금 당장 살 집이 필요한 경우라면 실거주하다가 나중에 팔 때 가격이 올라서 시세 차익을 얻을 수 있는 집을 선택하는 것이 좋습니다. 만약 따로 거주할 집이 있다면 임대 수익을 목적으로 집을 고르는 것이 좋겠죠.

지금 직장에 다니면서 노후 대비를 위해 임대 사업에 관심을 가지는 분들이 많아요. 하지만 임대 수익에 좀 더 비중을 둘 경우 시세 차익을 실현하기는 어렵습니다. 왜냐하면, 각 목적에 따라 적합한 주택의 형태나 위치, 수요층이 다르기 때문이죠. 예를 들면 강남의 경우에는 임대 수익과 시세 차익을 전부 실현할 수 있지만, 시세가 매우 높아요. 반면 사무실이 많은 지역의 경우에는 임대 수익은 괜찮지만, 시세 차익을 기대하기는 어렵습니다. 물론 두 마리 토끼를 다 잡으면 좋겠지만, 예산에는 한계가 있으니 전략적으로 접근하는 게 좋습니다. 여러분은 시세 차익과 임대 수익 중 어떤 것에 더 가치를 두고 있나요? 지금은 시세 차익이 더 중요하더라도 언젠가 임대 수익을 목적으로 부동산을 매입하고 싶나요? 그때는 언제일까요? 여러분이 지금 원하는 것이 무엇인지, 앞으로는 어떻게 변화할지 스스로에게 질문해 보세요.

실거주를 목적으로 집을 사서 추후 시세 차익을 얻으려는 경우, 많은 사람이 선호하고 수요가 꾸준한 아파트를 추천합니다. 또, 교통이 편리하고 학교, 병원, 마트, 공원 등의 인프라가 잘 형성된 지역이 좋겠죠. 이렇게 집값이 상승할 만한 다른 요소가 있다면 빌라나 단독 주택도 괜찮습니다. 1세대 1주택자가 집을 팔 때는 2년 이상 보유하고 거주하는 등의 조건을 채우면 양도 소득세 비과세(세금을 매기지 않는 것)가 가능하기도 합니다. 시세 차익을 염두에 두고 있다면, 자주 변경되는 양도 소득세 정책도 주의 깊게 살펴보고 집을 팔 시기를 결정해야 합니다.

임대 수익이 목적인 경우, 전세나 월세 수요가 많은 지역 및 주택을 고려해야 합니다. 따라서 통학과 출퇴근이 편리한 역세권의 아파트나 오피스텔을 추천합니다. 집의 크기도 1~2인 가구를 고려하여 소형을 선택하는 것이 좋겠습니다.

일반적인 주택 구매 목적 두 가지를 살펴보았습니다. 여러분이 가장 중요하게 생각하는 것은 무엇인가요? 자신이 열심히 모은 돈으로 부동산을 마련하는 것인데, 이제는 다른 사람의 말에 휘둘리지 않았으면 좋겠습니다. 물론 처음엔 어렵겠지만 계속 고민하고 질문하면 여러분만의 답을 찾을 수 있을 겁니다. 또, 이밖에 다양한 목표가 있을 수 있으니 자유롭게 미래를 그려 보세요.

세금까지 미리 생각하자

앞에서 살펴본 것처럼 집을 살 때는 예산을 짜는 단계에서부터 세금을 고려하는 것이 좋습니다. 아직 집을 사지도 않았는데 세금까지 생각해야 한다니 머리가 아프시죠? 집을 사고 나면 마냥 좋기만 할 것 같지만 다양한 책임감이 뒤따라옵니다. 그중 하나가 바로 세금인데요. 당장 집값을 마련하기도 바쁜데, 미래까지 대비하라는 말을 귀담아듣기는 어려울 거예요.

그럼 조금 다르게 말해 보겠습니다. 세금을 미리 공부하고 대비하여 나중에 집을 팔 때 1억의 이익을 더 얻을 수 있다고 하면 어떤 선택을 하실 건가요? 집을 살 때도 '취득세'라는 세금을 내야 하지만, 사실 더 중요한 세금은 따로 있습니다. 바로 집을 팔 때 양도 차익에 대해 부과되는 세금인 '양도 소득세'입니다. 실제로 양도 소득세를 제대로 알지 못해서 큰 손해를 보는 일이 너무 많습니다.

2021년 12월 8일부터 1세대 1주택의 경우, 양도 가액(자산을 양도할 때 양도자와 양수자 간 실제로 거래한 금액)이 12억 원 이하(종전 9억 원 이하)인 부동산에 대하여 2년 이상 보유하고 실거주 조건을 충족했을 때 부동산 거래 시 양도 소득세를 비과세한다는 정책으로 변경되었습니다. 이해하기 쉽게 예를 들어 보겠습니다. 여러분이 집을 9억에 매수해서 12억에 매도한다고 했을 때 양도 차익은 3억입니다. 양도 가액이 12억 이하이기 때문에 2021년 12월 8일 이후에 거래한다면 양도 소득세인 3억에 대해서는 비과세가 적용됩니다. 양도 소득세를 내지 않아도 되죠. 그런데 만약 2021년 12월 1일에 집을 매도했다면 양도 차익 3억에 대해 양도 소득세가 부과됩니다. 계산하기 쉽게 양도 소득세가 50%라고 가정한다면 양도 소득세로만 1억 5천만 원을 내야 한다는 것입니다. 단 며칠 차이로 세금에 큰 차이가 생기니 꼭 확인해야겠죠. 특히 양도 소득세 정책은 자주 개정되는 편이므로 주택 보유자라면 항상 관심을 가지고 살펴보아야 합니다. 우리나라처럼 부동산 시장이 우상향으로 가격이 상승한 지 50년이 지났다면 꼭 알아야 하는 세금이라는 거죠.

소유한 주택이 많을수록 양도 소득세를 계산하고 대비하기 어려워집니다. 여러분도 처음에는 부동산 한 채로 시작하더라도 미래에 얼마나 더 많은 부동산을 소유하게 될지는 모르는 일입니다. 양도 소득세에 대한 대비도 없이 집을 사면 나중에 큰 손해를 볼 수도 있습니다. 그러니 집을 살 계획이라면 가장 먼저 양도 소득세에 대한 내용을 알아 두는 것이 좋습니다.

눈에 보이지 않는 세금은 양도 소득세뿐만이 아닙니다. 부동산을 소유하면 건강 보험료 등 다양한 곳에 영향을 미칩니다. 하지만 부동산 정책은 자주 바뀌기 때문에 모든 세금을 일일이 대비하기는 어렵습니다. 대신 부동산을 소유함으로 발생하는 비용을 대비하여 '부동산용 비상금'을 따로 모으는 것을 추천합니다. 여러가지 변수에 유연하게 대처할 수 있을 겁니다. 물론 집을 사면서 큰 돈이 나갔는데, 바로 비상금을 마련하기는 어렵죠. 지금 당장 필요하지 않아도 미래에 필요한 순간이 오므로 미리 준비하자는 말입니다. 비상금의 필요성을 알고 계획을 세우는 것과 아예 생각지도 않는 것에는 큰 차이가 있습니다.

양도 소득세를 차치하더라도 여유 자금을 꼭 준비해야 하는 이유가 있습니다. 앞에서도 말했듯 부동산은 살아 있는 동안 떼놓을 수 없는 재화이기 때문입니다. 처음으로 산 집이 마지막 집이 될 가능성은 굉장히 낮습니다. 한 집에 오랫동안 산다고 해도 보통 30년 이상 거주하는 경우가 흔치 않아요. 사람도 나이가 들면 운동도 해야 하고 정기적으로 병원을 가야 하는 것처럼, 부동산도 정기적인 점검과 대비가 필요합니다. 그때마다 크고 작은 지출이 발생할 것이고요. 첫 번째 부동산부터 현명하게 준비하고 싶다면 당장 눈에 안 보이는 부분에도 관심을 가져 보세요.

대출을 활용하자

여러분은 대출을 받아 본 적 있나요? 저도 부동산에 관심을 가지기 전에는 대출을 받아 본 적도 없었고, 누가 대출을 받는지 궁금하지도 않았어요. 제가 가진 현금으로는 집값이 턱없이 부족함을 깨달았을 때 대출을 알아보았죠. 하지만 머리로는 대출을 받아야 한다는 사실을 알겠는데, 마음에서는 자꾸 거부감이 들었어요. 왠지 '빚쟁이'라는 말이 떠오르기도 하고요. 여러분도 대출에 대한 거부감이 있을 수 있다고 생각해요.

자본주의 사회에서 대출은 잘만 활용하면 자산 규모를 키우는 좋은 기회가 될 수 있어요. 대출은 쉽게 말해 금융 회사가 개인의 신용도를 판단하여 대출 금액을 정하고 빌려주는 것이죠. 대출은 크게 담보 대출과 신용 대출로 나눌 수 있습니다. 담보 대출은 돈을 빌리는 사람이 돈을 갚지 못할 경우를 대비해 부동산 등의 경제적 자산을 담보로 잡아두고 돈을 빌려주는 거예요. 반면 신용 대출은 담보 없이 개인의 신용만을 바탕으로 돈을 빌리는 것이죠. 신용 대출에서 가장 중요한 건 직업의 유무입니다. 정기적인 소득이 있어야 상환 가능성이 커지기 때문이에요. 만약 여러분이 회사에 다니고 있다면 신용이 보장되기 때문에 대출받는 것에 큰 문제는 없을 거예요. 회사 밖으로 나오면 신용을 증명하는 것이 참 어렵습니다. 그래서 대출을 받을 예정이라면 직장인일 때 받는 것이 유리합니다.

그렇다면 대출 없이 돈을 모은 다음 집을 사는 것과, 모자른 금액을 대출받아 좀 더 빨리 집을 사는 것 중 어떤 쪽이 유리할까요? 예를 들어 보겠습니다. 1억짜리 집을 대출 없이 돈을 모아서 사려는 A와 대출받아서 사려는 B가 있습니다. A가 1년에 2천만 원씩 저축할 수 있다면 5년 후에나 집을 살 수 있습니다. 5년 동안 집값이 하나도 오르지 않는다면 말이죠. 집값의 변동은 지역마다, 주택마다 개별적으로 매우 다르지만 일단 부동산 시장이 장기적으로 우상향한다고 가정하겠습니다. 현실적인 물가 상승률을 감안하여 집값이 5년 동안 1.5배 증가한다면 집값은 1억 5천만 원이 됩니다. 그렇다면 A는 5년 뒤에도 5천만 원이 모자라서 집을 사지 못할 겁니다. 이런 식으로 집을 살 수 있는 시기는 점점 늦춰집니다. B는 1년 동안 2천만 원을 모으고 8천만 원을 대출받아 바로 집을 샀습니다. 우선 B는 집을 샀기 때문에 집에 대한 걱정 없이 안정적인 생활을 영위할 수 있을 것입니다. 물론 매달 원리금(대출 원금과 이자)을 갚아야 하겠죠.

그럼 A와 B의 매월 나가는 금액을 비교해 보겠습니다. A가 5년 동안 1억 원을 모으려면 한 달에 약 170만 원을 저축해야 합니다. B는 연이자율이 5%인 대출금 8천만 원을 4년 동안 원리금 균등상환방식(상환 기간 동안 대출 원금과 이자를 매달 같은 금액으로 갚아 나가는 방식)으로 갚아야 한다고 가정하면 매달 약 184만 원을 갚아야 합니다. 액수만 비교하면 4년 동안 매달 14만 원이나 차이가 나서 B가 손해인 것처럼 느껴지지만, 집값이 5천만 원 상승했을 때 판다면 B는 대출 원리금을 모두 갚고도 약 4천만 원의 차익을 실현하게 됩니다.

▶ 네이버 이자 계산기

만약 집값이 상승하지 않거나 반대로 하락한다면 당연히 저축해서 집을 산 A가 유리합니다. 이 예시에서는 자본주의 시장이 지속 가능하며 장기적으로 경제가 성장할 거라는 가정하에 B가 유리하다는 결론을 내렸지만, 만약 집값이 하락한다고 생각한다면 또 다른 전략을 생각해 보아야겠죠.

물론 계획 없는 무분별한 대출은 오히려 독이 될 수도 있습니다. 하지만 대출을 잘만 활용하면 훨씬 유리한 조건으로 집을 살 수 있다는 것을 말하고 싶었습니다. 따라서 시세 차익을 고려한다면 앞으로 부동산 시장이 어떻게 전개될지 관심을 기울이고 공부하는 것은 필수입니다.

대출과 관련된 용어

돈을 빌리면 빌린 돈에 대한 이자가 발생해요. 그때 빌린 원금에 대한 이자의 비율을 이자율 또는 금리라고 해요. 예를 들어 백만 원을 빌려서 상환할 때 백십만 원을 갚는다면 금리는 10%예요.

일반적으로 금리는 고정 금리와 변동 금리로 나뉘는데요. 고정 금리는 대출 기간 동안 시중의 금리가 아무리 크게 변화하더라도 이자율이 고정되어 변하지 않아요. 반면 변동 금리는 대출 기간 동안 시중 금리에 따라서 이자율이 계속 변화합니다. 초기 이자율은 고정 금리가 변동 금리보다 약 1%가량 높습니다. 하지만 대출 후에 시중 금리가 크게 상승한다면 고정 금리가 훨씬 유리하겠지요. 금리가 아무리 상승하더라도 초기 약정한 고정된 금리를 적용할 테니까요. 단기로 대출하는 경우 초기 이자율이 낮은 변동 금리가 유리할 수 있고, 장기 대출이거나 안정성을 중요시하는 경우 금리 상승에 대비가 가능한 고정 금리가 유리할 것입니다.

대출 상환 방식에도 여러 가지가 있어요. 원리금 균등분할상환, 원금 균등분할상환, 만기일시상환 등이 있는데요. 원리금 균등분할상환은 원금과 이자를 합친 금액을 대출 기간으로 나누어 매달 동일한 금액을 갚아 나가는 방식입니다. 원금 균등분할상환은 원금을 대출 기간 동안 균등하게 갚아 나가면서, 매달 대출 잔금에 대한 이자를 계산하여 상환하는 방식입니다. 원금을 갚아 나갈수록 이자 금액은 점점 줄어들지요. 총 이자 금액은 원리금 균등분할상환에 비해 적지만, 상환 초기에는 원금이 아직 많이 남아 있어 이자 금액도 크기 때문에 초기 부담이 크다는 단점이 있습니다. 만기일시상환은 대출 기간 동안에는 이자만 내다가 만기일에 원금까지 일시 상환하는 방식입니다.

주택 담보 대출을 활용하자

주택 담보 대출은 주택을 담보로 돈을 빌리는 것입니다. 다시 말해 돈을 못 갚게 되면 은행이 주택을 가져갈 수 있다는 거죠. 이때 주택 담보 대출은 정부 지원 대출 상품과 시중 은행의 대출 상품이 있습니다.

정부 지원인 한국주택금융공사의 주택 담보 대출로는 보금자리론, 적격대출, 디딤돌대출이 있고, 시중 은행의 주택 담보 대출 상품보다 금리가 낮습니다. 하지만 그만큼 조건이 매우 까다로운 편입니다.

주택 담보 대출은 이름과 조건이 계속 변화하므로 대출을 받으려는 시점에 대출 조건을 꼼꼼하게 확인해 봐야 합니다. 정확한 대출 가능 여부와 금액을 확인하기 위해서는 은행에서 상담을 받는 것이 안전합니다. 만약 조금이라도 변수가 생기면 집값을 마련하느라 정말 밤잠 못 이룰 수 있으니까요.

저금리 정부 지원 대출을 받으려면 우선 가장 중요한 것은 내가 대상자인지 확인하는 것입니다. 여러분이 정부라면 어떤 사람에게 저금리로 대출을 해주고 싶으신가요. 연봉도 낮고, 무주택자이면서, 새로 장만하려는 주택의 규모가 작고 가격도 상대적으로 낮아야 할 겁니다.

정부 지원 대출 상품도 시중 은행에서 취급하고 있으므로 은행에서 상담을 받으면 가장 적은 금리의 대출 상품을 안내 받을 수 있습니다.

LTV, DTI, DSR 그리고 KB시세

주택 담보 대출과 관련해서 꼭 등장하는 단어가 있습니다. LTV, DTI, DSR, 그리고 KB시세인데요. 주택 담보 대출을 계획하고 있다면 꼭 알아 두어야 하는 단어입니다. 용어가 어려워 보인다고 겁먹을 필요는 없어요. 대출이 아니더라도 부동산 관련 기사에서 자주 볼 수 있으니 한 번 알아 두면 부동산 시장에 대한 시야가 넓어질 거예요.

🏠 LTV(Loan to Value Ratio)

주택 담보 대출 비율입니다. 주택 담보 인정 비율이라고도 하는데, 주택을 담보로 은행에서 돈을 빌릴 때 담보물, 즉 주택의 가격에 대한 대출 금액의 비율을 뜻합니다.

쉽게 말해 내가 1억 원의 주택을 사려고 하는데, LTV가 50%라면 약 5천만 원을 대출받을 수 있습니다. 주택 담보 대출을 고려할 때 가장 먼저 적용해 봐야 하는 비율입니다. LTV는 지역마다, 그리고 주택의 가격에 따라 다릅니다. 또한 부동산 규제 및 완화 정책에 따라서 LTV도 계속 변화하므로 집을 살 계획이라면 항상 관심을 가져야 합니다.

LTV로 주택 가격 중 얼마 정도를 대출받을 수 있는지 알아봤다고 하더라도 이 금액을 모두 대출받을 수 있는 건 아닙니다. LTV를 적용한 다음에는 DTI와 DSR을 적용해야 합니다. DTI와 DSR에 따라서 개인별로 대출 가능한 금액이 달라지는데 이는 개인의 연간 소득, 총부채와 관련이 있기 때문입니다.

⌂ DTI(Debt To Income)

총부채 상환 비율입니다. 연간 대출 상환액이 소득의 일정 비율을 넘지 않도록 제한하는 제도입니다. 쉽게 말해서 내가 1년 동안 버는 돈 중에서 대출 원금과 이자를 갚는 데 들어가는 돈이 너무 많아지지 않도록 비율로 제한하는 것입니다.

만약 연간 소득이 4천만 원이고, DTI가 40%라면 연간 상환하는 원금과 이자가 1천 6백만 원을 초과할 수 없습니다. 이때 총부채에는 주택 담보 대출 원리금에 기타 대출의 이자까지 포함됩니다.

하지만 이것보다 더 중요한 것은 DSR이라고 할 수 있습니다.

⌂ DSR(Debt Service Ratio)

총부채 원리금 상환 비율입니다. 연간 소득 대비 대출 상환액의 비율을 제한한다는 점에서 DTI와 비슷하지만, DSR은 좀 더 엄격한 기준을 적용합니다. DSR은 주택 담보 대출 원리금뿐만 아니라 신용 대출, 자동차 할부, 학자금 대출, 카드론 등 모든 대출의 원리금을 더하여 상환액을 계산합니다. 그러므로 대출받을 수 있는 금액이 확 줄어들겠죠.

따라서 내가 사려는 집의 대출 상한선을 LTV를 통해 확인한 다음 DSR을 통해 개인에 따라 그 한도가 제한될 수 있다는 결론에 도달합니다. 여기에 더하여 해당 부동산이 위치한 지역이 규제 지역인지 아닌지에 따라, 또는 내가 1주택자인지 다주택자인지에 따라 세부적으로 LTV가 달라집니다.

🏠 KB시세

주택 담보 대출에서 LTV를 계산할 때는 주택 가격의 기준이 필요합니다. 현재 주택의 담보 가치를 평가하는 기준은 네 가지 중 한 가지를 따릅니다. 국세청의 기준 시가, 한국감정원 등 전문 감정 기관의 감정 평가 금액, 한국감정원 시세의 시세중간가, KB부동산 시세의 일반거래가(KB시세) 중 한 가지를 적용합니다.

아파트나 오피스텔의 주택 담보 대출을 받을 때는 일반적으로 KB시세에 따라 주택의 담보 가치를 평가합니다. 빌라 등 그 외의 주택의 경우 감정가를 확인해야 합니다. 그리고 주택의 실거래가와 KB시세는 다를 수 있습니다. 만약 주택 실거래가보다 KB시세가 더 낮다면 예상했던 대출 금액보다 적게 나올 수 있으므로, 대출받기 전에 KB시세를 미리 확인하여 대략적인 대출 가능 금액을 파악하고 예산을 세워야 합니다. KB시세는 'KB부동산' 홈페이지에서 확인할 수 있으며, 매주 금요일 오전에 업데이트됩니다.

이렇게 세세하게 나눠서 설명된 것을 보니까 너무 복잡하다고 느껴지시나요? 간단하고 쉽게 정리해 보도록 할게요. 먼저 관심 있는 주택이 위치한 지역을 확인합니다. 규제 지역인지 아닌지에 따라 LTV가 다르고 얼마를 빌릴 수 있는지 확인할 수 있습니다. 다음으로는 주택 가격을 정확하게 확인합니다. KB시세에서 확인할 수 있는데 단순히 부동산 사이트에 매물로 나와 있는 금액을 주택 가격이라고 생각하면 안 됩니다. 마지막으로 DSR을 확인해 봐야겠죠. 월 상환 금액이 연봉과 관련 있으므로 LTV가 높아서 대출을 많이 받을 수 있어도 한도가 생길 수밖에 없습니다. 이렇게 순서대로 적용하면 내가 사고 싶은 집에 대한 대출 가능 금액이 나옵니다.

집을 사기 전에 생각해 볼 것들

'집을 사려고 하는데…' 이런 말을 꺼내면 주변에 한마디씩 덧붙이는 사람이 많아요. 하지만 아무리 친한 친구여도 재정 상황이나 가정 환경 등 개인 사정은 자세히 알지 못합니다. 남한테 쉽게 털어놓을 수 없는 이야기이기도 하고요. 그런 상황에서 타인에게 듣는 조언이 과연 얼마나 도움이 될까요? 많은 사람이 좋다고 말하는 길이라고 해서, 나에게도 항상 좋은 길인 것은 아닙니다. 내 집 마련 계획서를 쓰기 전에 자신의 상황을 천천히 살펴보는 시간이 필요해요. 그래야 집을 사고 나서 후회하는 상황을 피할 수 있어요.

🏠돈

집값의 예산은 현금과 대출로 이루어집니다. 먼저 가지고 있는 현금을 파악하고, 그중 얼마를 집값으로 지출할 수 있는가를 생각해 봐야 합니다. 이 기준을 미리 정하지 않으면 충동적으로 무리하게 지출했다가 나중에 후회하는 일이 생길 수 있어요.

자동차를 살 때도 여러 차를 보다 보면 처음에 봤던 차보다 점점 더 비싸고 좋은 차에 눈길이 가죠. 결국엔 대출을 좀 더 받아서라도 좋은 차를 사는 경우가 많아요. 집을 살 때 역시 예산을 점점 높이게 되는 것이 당연해요. 하지만 자동차와 부동산은 지출 규모가 달라요. 자동차는 대출을 좀 더 받아도 감당할 수 있는 수준이겠지만 부동산은 아니에요. 그러므로 부동산은 예산의 상한선을 반드시 설정해야 해요. 그래야만 돈 때문에 생기는 사고를 예방할 수 있습니다.

앞에서도 살펴보았듯이 집값 외에 부대비와 세금까지 고려해야 해요. 또는 따로 큰돈이 나갈 일은 없는지도 생각해 봐야죠. 그리고 내가 어떤 집을 사려는지에 따라 대출의 종류와 규모도 결정해야 해요.

🏠 개인적인 상황 및 환경

'개인적인 상황'이라는 말이 내포하는 건 많지만, 여기서는 주거 구성원과 직장에 대해서 살펴보겠습니다.

첫째, 주거 구성원에 대한 상황입니다. 내 집 마련을 할 때 가장 중요한 것은 '몇 명이 거주할 것인가?'입니다. 한정된 공간에서 몇 명이 생활하는지가 삶의 질에 큰 영향을 미치기 때문이죠. 제 이야기를 해 보자면 저는 평생 1인 가구일 거라는 생각으로 부동산 투자를 시작했는데요. 목돈도 넉넉하지 않았고, 당장 거주할 집보다는 수익형 부동산을 사야겠다는 결론을 내렸어요. 하지만 예상과 달리 결혼을 하게 되었고, 수익형 부동산보다는 당장 살 집을 구하는 일이 더 중요해졌습니다. 수익형 부동산에 묶인 돈을 빼내서 살 집에 보태는 일은 생각처럼 쉽지 않아서 고생했던 기억이 있습니다.

둘째, 직장과 관련된 상황입니다. 과학 기술의 발달로 인해 직장이나 일에 대한 개념이 끊임없이 변하고 있어요. 그에 발맞춰 부동산에 대한 수요층도 변하고 있습니다. '직주 근접', '평생직장'이라는 단어가 공감되던 옛날에는 직장 근처에 집을 구하는 게 가장 중요했어요. 하지만 이제는 투잡, 멀티잡을 가진 분들도 많고, 이직은 흔한 일이 되었습니다. 당연히 집의 위치 또한 그에 맞춰 변화해야 할 필요가 있어요. 저만하더라도 현재 직업이 3개 이상에 직장의 변화는 5번이 넘었으니까요.

이처럼 모든 일이 계획한 대로 흘러가지는 않아요. 하지만 여러 가능성을 고려하고 대안을 생각해 보는 것만으로 큰 도움이 됩니다. 단호한 태도는 선택을 빠르게 만들지만, 다른 가능성을 미처 생각지 못하게도 합니다.

⌂ 심리적인 부분

삶의 요소 중 안정감을 얼마나 중요하게 여기는지는 사람마다 다릅니다. 여러분은 사회적인 시선이나 기준에 맞춰 살아가는 것을 가치 있거나 편안한 삶이라고 생각하시나요? 만약 그렇다면 내 집 마련이 주는 안정감이 상당히 높을 거라고 예측해 봅니다. 내 집 마련이 사회적인 성공까지는 아니더라도, 자립한 한 개인으로서 자리매김했다는 의미로 다가올 수 있습니다.

반대로 안정감보다는 도전이나 성취에 더 큰 가치를 둔다면, 부동산을 자신의 집이라기보다는 자산 중 하나라고 생각할 가능성이 높습니다. 즉 내 집 마련을 통해 얻는 안정감이 크게 중요하지 않을 수 있다는 겁니다.

만약 삶에서 안정감을 충족하는 것이 우선순위인 분이라면, 내 집 마련을 자산을 증가시키는 목적으로 생각하기보다는 적절한 타협점을 찾아 안정적으로 거주하고 싶은 집을 빨리 사는 것이 더 좋을 수 있습니다. 집에 있어서 안정감이 생기면 다른 일들도 좀 더 편안하게 대할 수 있는 여유가 생기기 때문입니다.

집을 사려고 부동산에 오는 손님들은 공통점이 있습니다. 바로 저마다의 사연이 있다는 겁니다. 부동산은 돈과 연관 있고, 돈은 남에게 말하기는 어려운 사연을 담은 경우가 많죠. 공인 중개사는 계속 볼 사이가 아니라서 그런지, 고객들이 개인적인 이야기를 편하게 털어놓습니다. 수많은 사연을 들으며 깨닫게 된 것이 있습니다. 사람들이 집을 살 때 생각보다 타인의 영향을 많이 받는다는 것입니다. 친구가 내 집 마련을 했다거나, 내가 전세나 월세로 사는 집주인이 나보다 나이가 어리다는 것을 등기부 등본을 보고 알게 되었거나 하는 이유 말이죠.

문제는 타인의 영향을 받아 충동적으로 집을 선택하면 진짜 내가 원하는 집이 아닐 수 있습니다. 예를 들면 신혼부부인 2인 가구와 미혼 1인 가구는 서로 집을 보는 기준과 우선순위가 매우 다를 수밖에 없습니다. 자녀 계획이 있는 신혼 가구라면 주변에 학교가 있는지 등의 요소를 중요하게 고려하겠지요. 미혼 가구라면 학군은 우선순위에서 한참 밀려날 것입니다. 이처럼 목적에 따라 집을 보는 기준이 천차만별인데, 남들이 좋다고 해서 나도 그 기준을 따라갈 필요는 없는 것입니다.

하루 동안 지금 거주하는 집과 주변 환경을 관찰해 보세요. 아침에 눈을 뜨면 창밖에서 들려오는 아이들의 웃음소리와 새소리, 커피 한 잔을 마시면서 바라보는 창밖의 나무들, 출퇴근 길에 들를 수 있는 가까운 카페와 편의점, 재택근무를 하면서 점심시간에 잠깐 산책할 수 있는 공원 등. 물론 역세권, 학군 등의 기준도 중요합니다. 하지만 자신에게 진짜 중요한 기준이 무엇인지도 생각해 볼 필요가 있습니다.

먼저 자신에게 부동산이 어떤 의미인지 생각해 보세요. 그런 다음 여러분만의 부동산 계획을 세운다면 주변에서 하는 이야기에 큰 영향을 받지 않을 겁니다. 최악의 선택을 피하고, 좋은 선택을 할 가능성이 커지죠.

🏠 부동산에 대한 지식과 경험

부동산도 거래 경험이 쌓이면 쌓일수록 좀 더 보는 눈이 생기고 시야가 넓어집니다. 하지만 부동산 거래를 많이 하기는 어렵습니다. 저도 20대 때는 부동산에 관심이 있었지만, 돈이 없어 부동산 거래를 할 수 없었죠. 대신 두 가지 방법을 고안했습니다.

첫 번째는 나 혼자 모의 거래를 해보는 것입니다. 오랜 기간이 필요한 방법이기는 한데요. 내가 돈을 얼마 가지고 있다고 가정한 다음, 그 금액으로 사고 싶은 집을 정하고, 그 집을 왜 살 것인지 이유를 기록해 놓습니다. 그다음 1년 정도가 흘러 실제 집값과 나의 주택 선택 기준이 얼마나 달라졌는지 다시 확인해 보는 것입니다. 그러면 돈을 들이지 않고도 그 집을 샀다면 얻을 수 있었던 이익과 손실 등의 결과를 확인해 볼 수 있습니다.

두 번째는 부동산 중개소에 방문해 보는 것입니다. 실제로 집을 산다고 생각하고 부동산에 방문해서 상담을 받아 보세요. 저도 처음에는 부동산에 발을 들이는 것부터 긴장되고 힘들었는데, 한두 번 하다 보니 익숙해지면서 나름 재미도 느끼게 되었습니다. 이렇게 부동산을 거래하지 않더라도 간접적인 거래 경험을 쌓아보는 것도 중요해요.

이 두 가지 방법은 부동산을 분석하는 능력을 키우는 것은 물론, 부동산에 대한 심리적인 장벽을 낮추는 데 많은 도움이 됩니다. 특히 부동산 중개소에 들어가서 대화하는 것 자체를 두려워하는 분이 많죠. 용기를 가지고 한 걸음 나아가는 자체가 시작이라고 생각해요. 여러분도 진짜 집을 산다고 생각하고, 한번 도전해 보세요.

일반 매매 훑어보기

갭투자, 깡통전세가 뭐지?

평생직장이라는 단어가 소멸해가듯 집을 꼭 거주하려고 산다는 생각도 예전만큼 강하지 않습니다. 한동안 갭투자, 깡통전세, 역전세라는 단어가 많은 사람 입에 오르내렸던 것처럼, 사람들의 관심이 부동산 투자에 몰리기도 했죠. 요즘과 같이 부동산 시장이 불안정한 시기에 갭투자, 깡통전세 등의 용어를 알아놓는 것은 필수라고 할 수 있습니다.

갭투자의 '갭(Gap)'은 집의 매매가와 전세가의 차이를 말하며, 매매가와 전세가의 차이가 적은 집을 골라 매입하는 동시에 전세 세입자를 구하는 방식입니다. 그러면 매매가에서 세입자의 전세 보증금(전세가)을 빼고 남은 금액만 내고 집을 사는 것입니다. 그리고 집값이 올라서 집을 팔면 세입자에게 전세 보증금을 돌려주고도 집값이 오른 만큼 수익이 남는 것이지요.

예를 들어 매매가가 3억 원, 전세가가 2억 5천만 원인 주택이 있다고 가정해보겠습니다. 이 집을 사는 동시에 세입자를 구하면, 현금 5천만 원만 있어도 세입자의 전세 보증금 2억 5천만 원을 더해서 3억짜리 집을 살 수 있는 것입니다.

사실 2억 5천만 원은 사금융(세입자에게 빌린 돈이라고 생각하면)을 통한 부채나 마찬가지입니다. 나중에 세입자가 나갈 때 다시 돌려주어야 하는 돈이니까요. 하지만 만약 집값이 올라 4억이 된다면 5천만 원 투자로 1억을 번 셈이니 단기간 수익률이 매우 높은 편입니다.

그래서 갭투자는 전세 수요가 많고 집값이 오를 가능성이 많은 곳에서 주로 발생합니다. 역세권의 아파트나 빌라 등 교통이 편리한 곳은 수요가 많습니다. 집값도 꾸준히 상승할 가능성이 크죠. 주변 인프라가 개발되는 것 또한 호재로, 가격이 상승할 수 있는 요소 중 하나입니다. 예를 들어 대형 쇼핑몰이나 공원이 건축되거나, 주변 단지가 재건축 또는 재개발되면 동네 분위기 개선으로 가격이 상승할 수 있습니다.

하지만 그만큼 리스크도 큽니다. 집값이 하락할 수도 있으니까요. 계약 기간이 끝나서 세입자에게 전세금 2억 5천만 원을 돌려줘야 하는데, 집값이 3억에서 2억으로 하락했다면 집을 팔아도 5천만 원이 모자라게 됩니다. 그럼 투자금 5천만 원을 잃은 데다, 5천만 원을 더 손해 본 셈이죠. 총 1억 원의 손해를 본 것입니다.

이렇게 집값이 전세 보증금보다 하락한 집을 '깡통전세'라고 합니다. 은행 대출을 통해서 산 집의 가격이 하락하면서, 전세금과 대출금을 합친 금액이 집값보다 커지면서 집주인이 오히려 손해를 보게 된 것이죠. 만약 대출금을 갚지 못하는 경우 은행에서 집을 경매에 넘길 수도 있습니다. 그러면 임차인은 보증금 돌려받지 못하거나 일부만 돌려받을 위험이 있으므로, 전세를 구할 때는 이런 위험성이 없는지 꼼꼼히 따져 보아야 합니다. 특히 전세가율이 높을수록 깡통

전세의 위험성이 높아지니 주의해야 합니다. 최근 MBC 기획탐사취재파트에서 만든 '전국 깡통전세 감별기'라는 사이트도 있으니 참고해 보시기 바랍니다.

옛날에는 매매가와 전세가의 차이가 크지 않은 집이 많았고, 투기를 막을 수 있는 정책도 미비했어요. 그래서 갭투자는 적은 금액으로 많은 집을 소유할 수 있었던 옛날부터 계속 존재했습니다. 그렇다면 지금은 어떤 관점으로 갭투자에 접근하면 좋을까요? 단시간 내 큰 수익을 내기 위해서 갭투자를 하기도 하지만 이 책에서 말하고 싶은 내용은 그게 아니므로 일단 그 부분은 차치하겠습니다. 최종 목표인 내 집 마련을 우선순위로 한 경우에도 갭투자를 전략적으로 선택할 수 있습니다.

임대차 3법으로 인해, 세입자가 계약 연장까지 포함해 4년을 거주할 수 있게 되었고 보증금 상승도 5% 이내로 제한을 두었습니다. 그래서 살던 집에서 계속 살고자 하는 세입자가 많아졌고, 이사하는 사람이 적어지면서 자연스럽게 전세나 월세의 수요도 줄어들었어요. 매매의 경우에도 현재 거주하는 세입자가 있으므로, 세입자의 계약이 끝나기 전까지 실제로 거주할 수 없는 매물이 더 많아진 것이죠.

이렇게 공급되는 주택 중에 바로 거주할 수 있는 매물보다 현 세입자가 있는 매물이 더 많아지면서 가격 불평등도 생기게 되었어요. 당연히 바로 거주할 수 있는 매물이 더 비쌀 수밖에 없습니다. 희소가치가 생기기 때문이에요. 쉽게 비교해서 중고 물품을 거래할 때도 사고자 하는 사람은 많은데 파는 사람이 적다면 부르는 게 값이 되기도 하잖아요. 심지어 실거주할 수 있는 매물 자체가 없는 곳도 많은 상황입니다. 그래서 마음에 드는 집을 찾았는데 세입자의 계약 기간이 끝나지 않았다면 지금 당장 실거주를 할 수 없더라도 매물을 놓치지 않기 위해 전세를 낀 상태에서 집을 사게 되는 것입니다.

또 다른 경우는, 집값 상승이 예측되거나 자산 가치가 있다고 판단되는 집을 나중에 들어가서 살 계획하에 미리 전세를 안고 매입하는 것입니다. 현 세입자의 전세 계약 기간이 만료될 때까지 집값을 모으는 것이죠. 부동산의 가치가 상승할 거라 예상한다면 살 수 있을 때 사두고 실제 사용하는 것은 나중으로 미뤄도 된다는 판단일 겁니다.

혼자 살거나 부모님과 함께 산다면 새 집에 언제 들어갈지 혼자 선택하고 결정할 수 있으니 집을 사는 데 부담이 조금 덜합니다. 반대로 누군가와 협의하여 결정해야 하거나 책임질 가정이 있는 경우에는 버거운 선택일 수 있겠죠. 충분한 고민 없이 부동산 매입을 결정할 경우 몇 년 이내에 후회할 일이 생길 가능성이 큽니다. 갭투자의 경우 비교적 적은 자본으로 집을 살 수 있는 만큼 더욱 신중하게 결정해야 합니다.

3장

내 집 마련 계획서
작성하기

집을 사는 이유는 사람마다 달라요. 여러분도 '부동산' 하면 떠오르는 목표와 소망이 있을 거예요. 각자의 상황에 따라 아주 다양한 이야기가 있겠죠. 다른 사람들의 이야기를 들어볼까요?

지금은 부모님 집에서 함께 살고 있지만, 언젠가 독립하게 된다면 재정적인 안정이 필요할 것 같아요. 일단 너무 비싸지 않은 집을 미리 사둔 다음, 나중에 독립하면 그 집에서 살고 싶어요.

혼자 산 지 벌써 10년이 넘었네요. 맨 처음 월세부터 시작해서 얼마 전 전세로 이사를 했어요. 이사를 자주 다니면서 내 집이 있으면 좋겠다는 생각이 들었죠. 주변에서도 노후를 대비해 내 집 한 채 있으면 좋다고 하더군요. 하지만 전세금으로 목돈이 들어가 있어서 당장 집을 살 수는 없어요. 다음번 이사 때는 월세로 계약하고, 모아둔 돈으로 시골에 집을 사 놓고 싶어요.

결혼만 하면 집 걱정은 끝이라 생각했는데 이제 시작이네요. 아이를 가진 후로 안정적인 집에 대한 소망이 더 커졌어요. 이자 부담이 너무 크지 않은 적당한 크기의 집 한 채를 사서 아이가 성인이 될 때까지 함께 살고 싶어요.

얼마 전 이직하면서 이사해야 하는 상황이 됐어요. 근데 고양이 두 마리를 키우고 있어서 월세나 전세를 구하기도 쉽지 않네요. 이참에 모아 둔 돈에 대출을 받아서 집을 구해야 하는지 정말 고민이 많아요.

여러분도 한번 생각해 보세요. 왜 부동산에 관심이 생겼는지, 어떤 집에 살고 싶은지, 몇 년 정도 후에 집을 사고 싶은지, 집에 관련된 현실적인 어려움은 무엇인지, 마련할 수 있는 돈은 얼마인지, 포기할 수 없는 조건은 무엇인지, 또는 다른 중요한 조건을 위해 포기할 수 있는 건 무엇인지 일단 끄적여 보세요. 지금은 계획이 구체적이거나 정확하지 않아도 괜찮아요. 이것도 부담이 된다면 '몇 년 후 살고 싶은, 어느 정도 크기의, 얼마 정도 하는 집' 정도로 시작해 보세요. 초안이 있어야 점점 더 구체화할 수 있고, 이후 상황에 따라 수정하기도 훨씬 수월해요.

작은 물건을 하나 살 때도 여러 가지 조건을 비교해 보는데, 집을 살 때는 훨씬 더 신중하게 생각해야겠죠. 100% 집값이 오를 거라는 말, 정말 좋은 집인데 싸게 나왔다는 말에 혹해서 덜컥 계약서를 작성하는 일은 없어야 합니다. 내 집 마련 계획서는 정해진 답이 없어요. 스스로 질문하고 답하면서 자신만의 답을 찾아 끝까지 뚝심 있게 밀고 나갈 수 있는 토대를 마련하는 과정이에요. 그렇다면 어떤 질문을 해 볼 수 있을까요?

- 내 집 마련에 관심이 생긴 계기는 무엇인가요?

- 나에게 내 집 마련은 어떤 의미인가요?

- 지금까지 어떤 집에서 살았나요? 또는 살고 있나요?

- 과거에 살았던, 또는 지금 살고 있는 집의 가장 마음에 드는 점과 마음에 들지 않는 점은 무엇인가요?

- 앞으로 어떤 집에 살고 싶나요?

- 언제쯤 집을 사고 싶나요?

- 내 주변에 집을 산 사람 중에 이상적이라고 생각되는 사람이 있나요? 만약 있다면 이유는 무엇인가요?

- 앞으로 혼자 살 계획인가요? 아니면 누군가와 같이 살 계획인가요?

- 집을 선택할 때 절대 포기할 수 없는 조건이 있나요? 만약 있다면 이유는 무엇인가요?

- 부동산으로 수익이 생기면 그 돈으로 무엇을 하고 싶나요?

- 부동산을 통해 이루고 싶은 꿈이 있나요?

이런 질문이 집을 사는 데 무슨 도움이 되나 싶겠지만, 어쩌면 가장 중요한 단계일 수 있어요. 살면서 가장 어려운 것 중 하나가 '나'라는 사람이 어떤 사람인지 알아가는 거예요. 저도 제가 언제 행복을 느끼는지, 무엇을 좋아하는지, 어떤 일을 하고 싶은지 아직 찾아가는 중이거든요. 집도 마찬가지예요. 내가 진정으로 원하는 집은 어떤 것인지 생각해 볼 필요가 있어요. 그래야만 집을 볼 때 나만의 명확한 기준에 따라 판단할 수 있거든요.

STEP 1. 자산과 현금 흐름 파악하기

내 집 마련 계획서를 작성하는 과정은 임장 전까지 크게 4단계로 나눌 수 있습니다. 앞으로 한 단계씩 자세히 살펴보겠습니다.

첫 번째 단계는 나의 재무 상태를 객관적으로 파악하는 일입니다. 운동을 시작할 때 인바디를 측정하는 것처럼 말이죠. 그래야만 현실적인 계획을 세울 수 있어요. 사실 자산이나 수입은 대강 눈에 보일 수 있지만 부채나 지출은 한눈에 파악하기 힘듭니다. 시간을 들여 재무 상태를 적어 보는 이유는 자산 관리에 대한 기본을 갖추기 위함이라고도 할 수 있어요. 자산 관리에 대한 기본이 만들어지지 못한 채 집을 산다면 이후에 문제가 생길 가능성이 큽니다.

재무 상태표는 자산, 부채, 자본으로 이루어집니다. 여기서는 개인에 초점을 맞추어 간단하게 설명해 보겠습니다. 자산은 경제적 가치를 가지고 있는 모든 자원을 말합니다. 현금, 채권, 주식, 부동산 등이 있겠죠. 부채는 대출 등의 빚을 말합니다. 자산에서 부채를 뺀 금액이 나의 자본입니다. 즉, 순자산을 의미합니다. 나의 순자산이 어느 정도인지 알면 집값에 얼마를 사용할 수 있는지, 또 얼마를 더 모아야 할지 큰 그림을 그릴 수 있습니다.

현금 흐름표는 월별 수입과 지출 항목 및 금액으로 이루어집니다. 현금이 어디로 들어와서 어디로 나갔는지 그 흐름을 한눈에 파악할 수 있습니다. 이를 통해 수입에 비해 지출이 너무 많지는 않은지, 불필요하거나 줄일 수 있는 지출은 없는지 등을 파악하여 지출을 줄이고 자산은 효과적으로 늘릴 수 있습니다. 수입에는 근로 소득, 사업 소득, 이자 소득, 배당 소득 등이 있고, 지출에는 생활비, 월세, 대출 상환, 보험 등 개인에 따라 다양한 항목이 있을 것입니다.

아래 재무 상태표와 현금 흐름표는 기본적인 내용으로 구성되어 있으니, 자신에게 맞는 항목을 추가하여 작성해 보세요.

Step 1. 나의 자산과 현금 흐름 파악하기

● 재무 상태표
단위: 원

자산		부채	
예금		자동차 할부금	
적금		전세 자금 대출	
주식		신용 대출	
연금 저축			
보증금			
총자산		총부채	

총자산 - 총부채 :

● 현금 흐름표
단위: 원

수입		지출	
급여		주거 비용	
상여금		생활비(신용카드)	
이자 소득		자동차 할부금	
배당 소득		보험료	
추가 소득		교통비	
		통신비	
		경조사비	
		구독 서비스	
		저금	
		기타	
총수입		총지출	

총수입 - 총지출 :

STEP 2. 목돈 로드맵 작성하기

나의 자산을 객관적으로 파악했다면, 얼마를 어떻게 모을지 장기적인 계획을 세울 차례입니다. 1단계에서 살펴본 현금 흐름표를 통해서 월 단위로 얼마를 모을 수 있을지 계산해 보고 목표 금액과 기간을 정합니다.

사실 목돈 로드맵이 중요한 이유는 목표 설정과 동기 부여 측면에서 의미가 큽니다. 집값 마련을 위해 돈을 모으는 과정은 시간도 오래 걸릴뿐더러 끝나지 않는 나와의 싸움이 되어가곤 합니다. 하지만 목표가 확실하면 확실할수록 달성 가능성도 커집니다. 얼마가 되었든지 내 집 마련이라는 목표를 가지고 종잣돈을 모아보는 경험을 하는 건 중요합니다. 한번 목돈을 모아 본 경험이 있으면 나중에 더 큰 목돈을 모으기도 좀 더 쉽습니다. 특히 오랜 기간에 걸쳐 목돈을 모아봤다면 알게 모르게 '끈기'라는 재능을 획득하게 됩니다. 또, 장기간 상환해야 하는 주택 담보 대출과 같이 부담감 높은 대출에도 좀 더 쉽게 다가갈 수 있습니다.

제게 컨설팅을 받았던 분들 중 대부분이 오랫동안 꾸준히 돈을 모으는 것을 가장 힘들어했고, 목표 금액에 달성하기 전에 다른 물건을 사게 된다고 하더라고요. 긴 기간을 버티기 어려운 건 당연합니다. 아마 목돈 로드맵을 짜다 보면 예상되는 함정이 발견될 거예요. 이쯤 모으면 사고 싶었던 물건을 충동 구매할 수도 있겠다는 것 등이요. 목돈 로드맵은 그저 얼마를 어느 기간 동안 모으겠다는 계획만으로는 부족합니다. 목표 달성에 실패하게 만들 수 있는 함정을 예상해 보고, 함정에서 벗어날 수 있도록 계획을 짜 보세요. 충실히 목표 금액을 모아가는 나에게 1년에 한 번씩 상을 주는 것도 함정을 피하는 방법이겠죠. 계획을 짜는 단계부터 다양한 경우의 수를 미리 생각해 본다면 여러분의 목표가 얼마이든 간에 70% 이상은 달성할 수 있을 거예요.

또 한 가지 팁을 알려 드리면 집값을 모으는 통장에 직관적인 이름을 붙여 보세요. '내 집 마련 자금' 또는 '부동산 목돈용' 등으로요. 이렇게 명확한 목표를 담은 이름을 붙여 놓으면, 돈이 필요할 때 거리낌없이 쓰기 어렵습니다. 그만큼 목표 금액을 달성할 수 있는 확률은 높아져요.

다음의 표는 1년 단위로 기간이 설정되어 있는데 3년, 5년 등 자신의 목표 달성 기간에 맞게 수정해도 괜찮습니다. 또는 이직, 결혼, 자녀 계획 등 중대사를 중심으로 작성할 수도 있습니다.

Step 2. 목표 로드맵 작성하기

● 1년 동안 <u>20,000,000</u> 원 모으기

20 <u>24</u>년 <u>1</u> 월 <u>1,250,000</u> 원 > 20 <u>24</u>년 <u>2</u> 월 <u>1,250,000</u> 원 > 20 <u>24</u>년 <u>3</u> 월 <u>1,250,000</u> 원 > 20 <u>24</u>년 <u>4</u> 월 <u>1,000,000</u> 원 > 20 <u>24</u>년 <u>5</u> 월 <u>1,500,000</u> 원 > 20 <u>24</u>년 <u>6</u> 월 _____ 원

20 <u>24</u>년 <u>12</u> 월 _____ 원 < 20 <u>24</u>년 <u>11</u> 월 _____ 원 < 20 <u>24</u>년 <u>10</u> 월 _____ 원 < 20 <u>24</u>년 <u>9</u> 월 _____ 원 < 20 <u>24</u>년 <u>8</u> 월 _____ 원 < 20 <u>24</u>년 <u>7</u> 월 _____ 원

● 저축 차트

날짜	저축 금액	저축 누계
24.01.15	1,250,000 원	1,250,000 원
24.02.10	1,250,000 원	2,500,000 원
24.03.05	1,250,000 원	3,750,000 원
24.04.15	1,000,000 원	4,750,000 원
24.05.08	1,500,000 원	6,250,000 원
	원	원

날짜	저축 금액	저축 누계
	원	원
	원	원
	원	원
	원	원
	원	원
	원	원

STEP 3. 주택 기준 정하기

현금만으로 집을 살 수 있다면 고민할 필요가 없을 거예요. 하지만 현실적으로 대출 없이 집을 사기란 쉽지 않습니다. 대출이 필수라면 나에게 적정한 대출 금액을 파악하는 일도 중요합니다. 대출을 얼마 정도 받을 수 있고, 또 무리하지 않고 한 달에 얼마 정도 상환할 수 있을지 생각해 봅니다. 그래야 현금은 얼마를 마련할지, 얼마 정도의 집을 살 수 있을지 가늠할 수 있을 거예요. 인터넷에서 '이자 계산기'를 검색하고 항목을 넣으면 매달 상환할 금액을 알 수 있어요.

그리고 내가 집을 선택할 때 중요하게 생각하는 항목을 순서대로 적어봅니다. 적으면서 생각이 정리되기도 하고, 기록으로 남겨 놓으면 시간이 지나면서 어떻게 달라졌는지도 알 수 있어요. 이 항목은 나중에 부동산 임장을 할 때도 중요한 기준이 되어줍니다. 많은 분이 처음 적은 순위와 임장 이후의 순위가 바뀌곤 합니다. 머릿속으로 생각만 해본 것과 실제 눈으로 보고 느낀 것이 다를 수밖에 없거든요. 이렇게 내 집 마련의 기준을 세우고 계속 수정해 나가면 나에게 딱 맞는 집을 선택할 가능성이 커집니다.

Step 3. 주택 기준 정하기

● 나의 대출 적정 금액 : ___250,000,000___ 원 / 월 상환 적정 금액 : ___1,300,000___ 원

● 주택 선택 기준 및 순위

① 지하철역에서 집까지 걸어서 20분 이내의 거리

② 마트나 편의점이 걸어서 10분 이내에 위치

③ 재개발이 잘되는 집인지

④ 밤에도 혼자 걸어다닐 수 있을만큼 안전하게 느껴지는지

⑤ 주변에 같이지낼 산책시킬 수 있는 공원이 있는지

STEP 4. 주택 후보 정하기

현금과 대출금 등을 고려한 예산을 바탕으로 주택 후보를 정하는 단계입니다. 후보를 선정했다면 해당 주택의 매매가와 지역에 따른 LTV를 확인합니다. 그리고 집을 살 시기에 내가 마련할 수 있는 현금과 대출금을 생각해 봅니다. 마지막으로 해당 아파트의 장점 및 단점도 정리해 봅니다.

이런 방식으로 마음에 드는 주택을 몇 군데 선정하여 작성하고, 주기적으로 집값 및 주변 환경 등을 조사하여 자료를 업데이트합니다. 실제로 집을 산다고 가정하고 임장하거나 은행에 가서 대출 상담도 받아 보면 도움이 됩니다.

Step 4. 주택 후보 선정하기

- **주택 후보 :** 가나다 아파트 _____

- **매입 시기 :** 20 __26__ 년(__35__ 세)

- **주택 매매가 :** __500,000,000__ 원(LTV : __60__ %)

- **예산 : 현금** __230,000,000__ 원 / **대출** __300,000,000__ 원(매달 __1,600,000__ 원씩 상환, __40__ 년 동안)

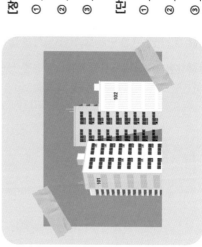

[장점]

① 역에서 걸어서 10분 이내임

② 마트, 공원이 집 근처에 있음

③ 맞바람이 불어 통풍이 잘되는 구조

[단점]

① 세대수가 많지 않음(300세대 이하)

② 자주 떠층을 사용함

③ 방에서 주변 건물이 보여 도로 편

내 집 마련 계획서에 영향을 주는 것

내 집 마련 계획서 초안을 작성해 보셨나요? 이제 여러분은 부동산의 세계에 한 걸음을 들인 거예요. 여기서 끝이 아니랍니다. 내 집 마련 계획서는 계속해서 수정하고 보완해야 해요. 개인적인 목표나 상황의 변화, 정책 개정 등 내 집 마련 계획서에 영향을 미치는 것이 많기 때문이에요.

🏠 자산 증식 속도의 변화

여러분이 지금 당장 집을 살 생각이 아니라면 1년, 혹은 5년 뒤를 생각하고 예산을 짜도 됩니다. 지금까지 저축을 꾸준히 하지 못했던 분이더라도 구체적인 목표가 생기면 목표를 이루기 위해 더 노력하게 될 거예요. 대신 너무 거창하고 빠듯한 목표를 설정하진 않았으면 좋겠어요. 그래야 긴 시간을 버틸 수 있으니까요. 계획을 세우고 집값을 모으는 동안 연봉 상승, 주식 투자 등을 통해 현금 자산을 불리는 속도가 빨라질 가능성이 있어요. 또는 신용 점수가 높아져서 대출을 더 많이 받게 될 수도 있고요. 초반에 계획했던 것보다 더 빨리 목표 금액을 모으게 된다면 집을 사는 시기가 당겨질 수도 있습니다.

🏠 대출 제도 및 시중 금리의 변화

시간에 따라 대출 제도가 변하기도 합니다. 한 예로 LTV는 지금까지 계속 변해왔습니다. LTV에 따라 대출받을 수 있는 금액이 달라지므로 내가 살 수 있는 집도 달라지죠. 또한, 대출을 받을 시점에는 시중 금리가 영향을 줍니다. 제가 부동산 강의를 시작했던 몇 년 전만 해도 최고 금리 수준은 5% 정도였어요. 2023년이 된 지금 금리가 최고 7%까지 상승할 거라고는 예상치 못했죠. 앞으로 어떻게 될지 예상하기는 어렵지만, 금리가 더 올라갈 가능성도 있다는 걸 염두에 두고 대출을 계획해야겠습니다.

🏠 부동산 정책의 변화

정치와 경제는 떼려야 뗄 수 없는 관계입니다. 어떤 정책을 만들고 시행하느냐에 따라 많은 파장이 일어납니다. 부동산 관련 정책은 얼마나 실효성이 있는지 시행 이후에 금방 판단하기가 어렵습니다. 부동산이라는 자산의 특수성 때문인데요. 부동산은 수요 정책을 시행한다고 하더라도 부동산이 뚝딱 생기지 않죠. 따라서 새로운 정책이 긍정적인 효과를 내려면 시간이 필요합니다. 한 가지 정책만으로는 보완할 부분이 많아서 긴 시간 동안 관련 정책을 추가로 계속 만들어야 하기도 합니다. 안타깝게도 지금은 10년 이상의 청사진을 가지고 부동산 정책을 일관되게 시행하기 어려운 상황입니다. 대통령도 연임제가 아니며 정권이 바뀌는 것도 원인 중 하나라고 생각합니다. 결국, 정책이 만들어질 때마다 각 정책의 유효성이나 그 영향에 대해 추측만 할 뿐 어떤 방향으로 흐를지 큰 그림을 예상하기 힘듭니다. 그러므로 새로운 정책이 나올 때마다 나의 부동산 계획에 어떤 영향을 미치는지 고려해볼 필요가 있습니다.

주변 환경에 따라서도 집값이 오르락내리락합니다. 먼저 수요 측면에서 생각해 볼까요? 만약 부동산 정책의 영향으로 우리집 주변에 기업 단지, 정부 기관 등이 이전하거나 새로운 교통수단이 생기면 사람들이 많이 몰리겠죠. 사람이 많은 곳에는 집도 많이 필요하고 자연스럽게 집값도 상승할 거라 예상할 수 있습니다.

공급 측면에서도 생각해 보겠습니다. 예를 들어 신도시를 개발하여 한번에 많은 주택을 공급하면, 인근의 주택 수요를 끌어오기 때문에 인근 지역의 집값이 하락하는 양상을 보일 수도 있습니다.

주택을 공급하는 주된 목적은 집값 안정과 신규 주택 보급입니다. 하지만 공급이 늘어난다고 해도 수요가 그보다 더 크다면 집값에 변동이 없거나 오히려 상승할 가능성도 있습니다. 단순히 생각해 보면 수요가 많은 수도권에서는 공급이 늘어도 집값의 변화가 크지 않습니다. 새로운 공급 자체가 적기도 하고, 위치 또한 가격 형성에 큰 비중을 차지하고 있기 때문이에요. 주변에 있는 다른 집보다 저렴한 금액에 질 좋은 집을 공급해야 시세가 내려갈 텐데, 땅값도 비싸고 공사비도 예전보다 많이 드는데 주변 시세보다 저렴한 가격으로 집을 공급하기는 어렵습니다. 무리한 추측일 수 있지만, 시간이 흐를수록, 인건비가 올라갈수록 새로운 주택의 값은 주변 시세보다 높아질 것입니다. 그러면 '새로운 주택이 생겼으니 상대적으로 오래된 주택의 값은 내려가지 않을까?' 하는 생각이 들 수도 있겠죠. 그러나 주택 가격이 단순히 연식에 따라 매겨졌다면, 이렇게 부동산 공부를 할 필요도 없었을 거예요. 물론 연식이 집값을 형성하는 여러 가지 요인 중 하나이기는 하지만요.

반대로 비수도권 지역은 공급 때문에 주변 집값이 하락할 가능성도 있습니다. 수도권에서는 주택을 짓기 위한 공지(비어 있는 땅)를 찾기 어려운 데 비해 비수도권은 개발되지 않은 땅이 상대적으로 많습니다. 요즘처럼 부동산 시장이 침체기일 때도 수도권 내 공급은 미분양이 적은 편이지만, 비수도권으로 갈수록 미분양이 증가합니다. 수도권에는 공지가 부족한 만큼 새롭게 지어지는 주택도 거의 없어서 주택 수요가 꾸준히 많지만, 비수도권에는 새로운 주택이 생겨도 수요가 많지 않으며 다른 곳에 또 주택이 생길 가능성이 크기 때문에 미분양이 발생합니다.

결론은 같은 공급이라 하더라도 위치에 따라 집값에 미치는 영향이 달라진다는 겁니다. 그러므로 내가 살고 싶은 지역과 집 주변 환경을 꾸준히 살피고 그 변화가 집값에 어떤 영향을 주는지도 지켜보면 좋습니다.

🏠 교통 계획의 변화

서울 등의 수도권은 인구 밀집도가 높습니다. 주요한 기관과 기업 등이 많이 위치하기 때문이죠. 정부에서는 수도권의 인구를 다른 도시로 분산시키기 위해 교통 관련 정책을 활용하고 있습니다. 현재 가장 관심을 받는 교통 정책 중 하나는 GTX(수도권 외곽에서 서울 도심의 주요 거점을 연결하는 수도권광역급행철도) 구축 계획입니다. GTX 노선이 어느 지역을 지나는지 고시될 때마다 주택 가격이 크게 상승했습니다. 교통 정책이 주택 가격에 영향을 미치는 것은 당연하고, 앞으로도 막을 수 없는 양상일 것입니다. 그러므로 여러분이 내 집 마련 계획서를 점검할 때 어떤 교통 개발 계획이 예정되어 있는지 파악하는 것은 매우 중요합니다.

상대적으로 부동산 시장이 상승세였던 2022년까지는 부동산 세금 정책의 목적이 다주택자 규제에 머물러 있었습니다. 1주택을 가진 사람이 추가로 주택을 취득했을 때 세금을 더 내도록 했고, 양도 소득세 또한 다주택자의 경우 더 많이 내게 하는 방법으로 규제를 했습니다. 취득과 양도를 하지 않으면 보유를 선택하게 될 테니 보유세까지 높여서 세금 부담으로 주택을 팔도록 유도했습니다. 다주택자들이 주택을 내놓아 시장에 매물이 많이 나오게 해서 가격을 떨어뜨리려는 전략이었다고 생각해요. 다만 예상과는 다르게 목표만큼 매물이 나오지 않았고 거꾸로 매물이 잠겨서 시장이 얼어붙었습니다. 물론 세금뿐만 아니라 여러 가지 원인이 겹쳐서 나타난 결과이긴 하지만, 세금 정책이 집값에 어떻게 영향을 미치는지 예상해 보는 것만으로도 앞으로 시장 분석을 하는 데에 큰 도움이 될 것입니다.

최근에는 다주택자에 대한 규제도 많이 풀렸고, 1주택자에 대한 세금 정책도 완화되었습니다. 취득, 양도, 보유에 대한 모든 부분이 완화되었죠. 그렇지만 부동산 시장이 좋아질 거라고 예상하기는 어렵습니다. 세금 정책만으로는 부동산의 수요와 공급을 조정하는 데 한계가 있기 때문입니다. 한 가지 확실히 기억할 것은 부동산 시장에 여러 가지 요소가 복합적으로 영향을 미친다는 사실입니다.

내 집 마련 계획서 작성을 위한 조언

내 집 마련 계획서는 어떤 형태든 간에 일단 초안을 만들어 보는 것이 중요합니다. 그다음 상황에 따라 조금씩 수정하면 되고요. 초안이 없으면 상황이 변했을 때 수정할 것도 없고 꿈꿀 수 있는 목표도 없습니다.

계속 강조했듯이 부동산은 길게 보아야 합니다. 매일매일 내 상황을 파악하고 계획서를 수정하는 것은 현실적으로 시간과 에너지 낭비입니다. 사실 여러분의 인생에 부동산이 차지하는 영역은 생각보다 작다고 생각해요. 영향력이 크다고 느껴지는 것뿐이지, 인생을 바꿀만한 가치를 가진 재화는 아니라고 생각하기 때문이에요. 그보다 중요하다고 생각하는 일이나 행복을 위해 시간을 할애해야 한다고 생각합니다.

부동산에 대해 생각하는 시간은 최소한으로 줄이되, 집중적으로 투자하면 됩니다. 그러기 위해 내 집 마련 계획서라는 기록이 필요한 겁니다. 저는 내 집 마련 계획서를 점검하는 날을 따로 정해 두었어요. 현재 나의 자산을 다시 검토하여 계획을 수정하거나, 어떤 점이 부족하고 잘 되었는지 평가합니다. 그리고 앞으로의 시간을 어떤 마음가짐으로 지낼지 생각하고 계획을 수정합니다. 여러분도 내 집 마련 계획서를 정기적으로 점검하고 수정하는 시간을 가져 보시길 바랍니다.

4장

임장하고 계약하기

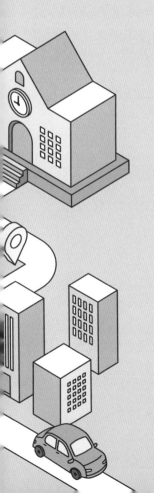

임장이 왜 중요한가요?

여러분은 어떤 집을 좋아하시나요? 아마 서너 가지 이상 떠오르지 않으실 거예요. 많은 사람이 자신이 어떤 집을 좋아하는지 잘 알고 있다고 생각해요. 그러나 이렇게 물어보면 매우 애매하고 피상적인 답변이 돌아왔어요. 마치 '이상형이 어떻게 되나요?'라는 질문에 단순하게 키나 체형 등을 이야기하는 것처럼요. 물론 외형도 중요하겠지만 누군가를 계속 만나다 보면 그보다 더 중요한 것도 있음을 알게 됩니다.

부동산도 자주 가면 갈수록 더 잘 알게 됩니다. 동시에 다른 동네도 가 보고 장단점을 비교하면 자신이 어떤 것을 선호하는지 더 구체적으로 파악할 수 있어요. 그러니 한 동네나 한 집만 보고 성급히 결정하지 말고, 꼭 두세 군데를 더 가 보고 비교하는 걸 추천해요.

임장은 사전적인 정의로는 '현장에 나오다'라는 뜻을 지닙니다. 부동산 임장을 한다는 말은 집을 사기 전에 직접 방문해서 해당 집과 그 주변 환경을 살펴본다는 의미로 통용돼요.

임장할 때는 스스로에게 이렇게 질문해 보세요. '나는 어떤 집을 좋아하지?', '만약 내가 좋아하는 부분이 없다면 무엇으로 대체할 수 있을까?', '내가 절대 포기할 수 없는 것은 무엇이지?', '다른 사람들은 중요하다고 생각하는데 나에게 중요하지 않은 것은 무엇이지?' 등 말이죠. 임장 경험이 쌓이면 쌓일수록 이런 질문에 더 구체적이고 자신감 있게 대답할 수 있을 거예요.

임장 노트 작성하기

계속 강조했지만 집을 살 때는 남의 이야기를 듣는 것보다, 자신만의 기준을 세우고 선택하는 것이 훨씬 중요합니다. 그러려면 발품을 들여야 합니다. 집은 막상 살아보니 마음에 들지 않는다고 해서 환불할 수도 없습니다. 임장은 이런 실수를 할 가능성을 줄여 줍니다.

그러면 임장은 어떻게 해야 할까요? 임장에도 준비가 필요합니다. 임장 목적에 맞게 준비하면 들인 시간에 대비하여 더 많은 것을 얻을 수 있습니다. 사실 준비란 거창한 것이 아닙니다. 내가 보려는 집에 대한 사전 정보를 토대로 장단점을 정리해 보는 것입니다. 그리고 임장할 때는 노트에 적은 내용을 바탕으로 주택과 주변 환경을 살펴봅니다.

다음의 표는 제가 임장할 때 사용하는 간단한 양식입니다. 여기에 자신에게 맞는 내용을 추가해서 사용해 보세요.

임장 노트

임장 정보	임장 날짜	24.01.01	방문 회차	1	재방문 일정	24.02.10
기본 정보	지역	서울시 망진구 자양동			아파트명	가나다 아파트
	사용승인일	1994.05.28	전용면적(실평수)	52㎡	방수/욕실수	2/1
	세대수	320(2개동)	주차대수	350	현관구조	복도식	난방	개별난방, 도시가스

가설 및 검증	임장 전(손품)	임장 후(발품)
	대형 마트가 10분 거리에 있어서 편리함 늦은 시간에 집에 가는 길이 조금 어두울 것으로 예상됨 조금 멀지만 20분 거리에 공원이 있음	크지는 않지만 집 바로 앞에 마트가 있어서 더 좋음 거기가 경운에 편의점과 24시간 운영하는 가게가 가까이 있어서 생각보다 안전한 느낌 걸어서 공원까지 10분 정도 걸림

기타	주민 연령대가 다양함

가장 먼저 어떤 지역의 어떤 주택을 임장할 것인지 정합니다. 그리고 다양한 부동산 플랫폼을 통해 해당 주택에 대한 기본적인 정보를 조사하고 기록합니다. 그다음 네이버 지도(거리뷰)나 부동산 플랫폼의 지도 기능을 통해 해당 지역 및 집 주변을 살펴봅니다. 그러면 다양한 가설을 세울 수 있습니다. 예를 들어 지하철에서 아파트까지 10분 이내 거리라서 좋다든지, 저녁 늦은 시간에는 길이 어두울 거라 예상된다든지, 주변에 상권이 밀집되어 있어 편리하다든지 등 말이에요. 임장 후에 실제로는 어떤지 비교할 수 있도록 기록해 둡니다.

이제 직접 임장을 나가볼 차례입니다. 동네를 직접 걸어보고, 마트나 카페에 들어가서 사람들을 관찰해 봅니다. 아파트라면 꼭 집안에 들어가 볼 필요는 없습니다. 아파트는 정형화된 주택이기 때문에 제공된 주택 평면도를 보면 내부를 예상할 수 있습니다. 따라서 실제로 임장할 때는 직접 와서 보지 않으면 알 수 없는 외부 환경을 관찰하는 것이 좋습니다. 동네에는 차들이 많이 다니는지, 주민들의 출퇴근 경로는 어떤지, 공원은 걸어서 갈 수 있는지, 가파른 언덕 등은 없는지 등이요. 물론 내부에서는 아파트에서 바라보는 주변 조망도 확인할 수 있겠지만, 그건 아파트 후보군을 더 좁힌 후에 해도 괜찮습니다.

돈을 주고 바꿀 수 있는 것보다 돈을 들여도 바꿀 수 없는 것을 보는 눈을 키워야 합니다. 임장하면서 여러분에게 어떤 게 잘 보이는지 확인해 보세요. 나와 성향이 다른 사람과 함께 임장하면 관찰하는 게 확연히 다를 때가 많아서 서로 비교하면서 보기에 좋습니다.

수요와 공급을 토대로 지역 분석하기

집은 움직일 수 없으므로 위치한 지역도 매우 중요합니다. 이번엔 지역적인 요인에 집중하여 분석해 볼게요. 수요 분석과 공급 분석으로 나누어 설명해보겠습니다.

🏠 수요 분석

특정 지역을 분석할 때 가장 먼저 하는 일은 '누가 살고 있는가'를 알아보는 것입니다. 어떤 이유로 그곳에 사는지 알 수 있다면, 얼마나 오래 머물지도 예상해볼 수 있습니다. 이때 구체적으로 생각해 보는 게 좋아요. 3인 가족이라면 맞벌이일까, 맞벌이라면 직업이 뭘까, 어느 지역에 있는 직장에 다닐까, 아이가 있다면 몇 살 정도 됐을까, 아이 교육에 얼마나 투자할까 등 구성원의 특징이나 소득 수준을 예측해 봅니다. 대략적으로 파악하는 방법이 있다면 그 동네의 카페를 가보거나, 하교 시간대에 아이들이 얼마나 돌아다니는지 슈퍼 등을 방문해 보는 것입니다. 좀 더 구체적으로 말씀드리면 카페에 가면 보통 어떤 사람들이 이용하는지 둘러봅니다. 직장인이 업무를 하기 위해 사용하는지, 지역 주민이 만남의 장소로 사용하는지, 이용객의 연령대는 어느 정도인지, 카페 이용은

활발하게 이루어지는지 등을 관찰합니다. 궁금한 게 생기면 직원에게 물어보기도 하면서요. 또는 카페에서 사람들이 나누는 이야기가 들려오면 귀를 기울여 보기도 합니다. 사람들이 어떤 이야기를 나누는지 듣다 보면 동네 분위기를 파악하는 데 조금은 도움이 되거든요.

주택 매매가와 전세가를 비교하면 해당 지역 주민의 평균적인 거주 기간을 예측할 수도 있습니다. 예를 들어 주민의 거주 기간이 비교적 짧을 경우, 오래 거주할 목적으로 들어오는 사람이 적기 때문에 매매가와 전세가의 차이가 적습니다. 다시 말해 전세가율(매매가 대비 전세가의 비율로, 예를 들어 매매가가 10억인 주택의 전세가가 6억이면 전세가율은 60%)이 높은 편입니다. 전세가율이 높다는 것은 그만큼 매매보다 전세로 계약하는 사람이 많다는 뜻이기도 합니다. 보통 집을 산다는 결정에는 그곳에 오래 머물고자 하는 마음이 담겨 있습니다. 전세가와 매매가가 비슷하면 매매로 생각을 바꿀 수도 있는데, 그런데도 전세로 들어오는 사람이 많다는 것은 오래 머물기보다는 잠시 머물다 떠날 가능성이 크다는 것이죠. 전세로 계약하고 싶은 사람이 매매하려는 사람보다 더 많으면 자연스럽게 전세가가 매매가에 가까워질 수밖에 없습니다. 반대로 오랫동안 거주할 요인이 많은 지역이라면 전세가보다 매매가가 월등하게 높을 수 있습니다.

🏠 공급 분석

공급은 크게 두 가지로 구분할 수 있습니다. 어디에서 공급이 일어나는지, 그리고 어떤 형태로 이루어지는지 입니다. 우선 어디에서 공급이 일어나는지에 대해 살펴볼게요. 수도권과 비수도권으로 나누어 보면 양상이 다릅니다. 제일 중요한 요인은 대체재입니다. 수도권 내에는 비어 있는 땅이 거의 없어서 새로운 대규모 공급이 일어나기는 어려워요. 대신 기존 주택의 재건축이나 재개발이 새로운 공급을 만들어 낼 수 있겠죠. 반면 비수도권에는 비어 있는 땅을 신도시로 개발하는 등 대규모 개발을 통해 공급을 늘릴 가능성이 큽니다. 자연스럽게 기존에 있던 주택을 대체할 수 있는 공급이 일어나게 되는 것이죠. 이와 관련된 분석 사례는 97페이지에 나오는 '사례 분석하기'를 참고해 주세요.

다음으로 공급이 어떤 형태로 이루어지는지 알아보겠습니다. 개발을 통해 지역의 거주 환경이 개선되어 주변에 좋은 영향을 미치는 것과, 낡은 집을 허물고 새롭게 지어서 좋은 영향이 그 안에만 머무는 경우로 나누어서 보아야 합니다. 예를 들어 자기 집을 리모델링한다고 해서 옆집까지 좋은 영향을 받는 것은 아니잖아요. 하지만 동네에 나무를 심거나 길을 정비하는 건 훨씬 많은 사람에게 영향을 미치죠. 분석하고 싶은 곳에 대해 주택만 개발이 될 가능성과 주택 및 주변 환경까지 개발될 가능성 두 가지로 나눠서 생각해야 합니다.

주택만 새로 짓는 경우는 재건축이라고 하고, 주택 및 주변 환경까지 개발되는 경우는 재개발이라고 합니다. 재건축과 재개발이라는 단어를 헷갈리는 분들이 많은데, 단어 자체로 의미를 유추할 수 있습니다. 재건축의 '건축'과 재개발의 '개발' 중에 어떤 것이 더 큰 개념일까요. 바로 '개발'이겠죠. 주택뿐만 아니라 주변 인프라까지 개발이 필요하다는 겁니다.

재건축과 재개발을 자세히 다루면 너무 길어지기에 중요한 것만 말하자면, 두 방법 모두 절차가 복잡하고 상당히 긴 시간이 걸린다는 사실입니다. 적어도 5년에서 길게는 10년 이상 걸릴 수도 있어요. 심지어 공사가 거의 다 끝나가다가 갑자기 중단되기도 하죠. 예를 들어 어떤 아파트는 공사비 인상을 두고 시공사와 조합 간의 갈등이 빚어져 한때 공사가 중단되는 사태를 겪었습니다. 그러므로 재건축, 재개발 가능성을 분별할 수 있는 능력이 필요합니다.

정리하면 공급 분석이란 내가 관심 있는 주택이 위치한 곳에 추가로 어떤 공급이 가능할지, 그리고 그 영향은 어떠할지 생각해 보는 겁니다. 개발 가능성이 있는 지역의 부동산을 방문하면 개발이 금방 진행될 것처럼 이야기하는 경우가 많아요. 만약 그 동네에서 내 집을 가지고 있거나 부동산 중개소를 운영하는 사람이라면 보통 긍정적으로 생각하지, 애써 부정적인 판단을 내리지는 않을 테니까요. 그래서 내가 분석하는 사람의 입장이라면 누군가가 확신에 차 개발 가능성을 말할 때는 조금 비판적인 시각으로 받아들일 필요가 있습니다.

해당 지역을 직접 임장해 보는 것도 좋아요. 금방 개발이 진행될 동네라면 이사 간 집이 꽤 많아서 인적이 드물거나 빈집을 많이 발견할 수 있습니다. 반대로 개발 가능성은 높지만 시간이 꽤 걸릴 거라 예상되는 지역에는 신축하는 빌라나 리모델링을 하는 건물이 많아요. 왜냐하면, 단독 주택은 소유자가 한 명이라서 지분을 나눌 수 없으므로, 신축을 통해 건물의 지분을 쪼개 투자할 수 있게 만드는 것이죠. 이후 개발 절차가 진행될 경우 신축 허가가 나지 않으므로 신축 건물이 줄어들 거예요. 그렇게 되면 이제 곧 개발이 가능해지겠죠. 그런데 이 모든 상황은 보통 10년 이상에 걸쳐 일어나기 때문에 실제로 재개발 공사가 시작된 시점이 아니라면 영향은 미미합니다.

그리고 한 가지 더 생각해 볼 것은 앞으로 개발되는 지역이 분석하려는 곳과 얼마나 떨어져 있는지 확인해 봐야 해요. 너무 넓은 범위로 생각하지는 않는 것이 좋아요. 내가 지금 사는 집에서 도보로 다닐 수 있는 활동 범위를 곰곰이 생각해 보면 아마 쉽게 이해할 수 있을 거예요. 개발되는 곳이 걸어서 30분 이상 걸리게 되면 접근성이 현저히 떨어지니까요.

🏠 **사례 분석하기**

　사례를 통해 앞에서 살펴본 수요 분석과 공급 분석을 적용해 보겠습니다(실제 사례를 각색한 내용입니다).

> 마곡나루역
> 오피스텔 매매가
> **2억 3천만 원**
> VS
> 마곡나루역
> 아파트 전세가
> **2억 5천만 원**

　"결혼을 준비하고 있는 20대 후반 예비 신혼부부입니다. 여자친구는 여의도, 저는 강북 지역으로 출퇴근을 해야 해서 두 곳 중간 지점쯤 인 마곡나루역 근처에 집을 구하고 싶어요. 현금은 1억 정도 보유하고 있고요. 대출을 받아서 오피스텔을 매매할지, 아파트 전세로 들어갈지 고민이 돼요."

　혹시 여러분이라면 어떤 선택을 하실 건가요? 제가 이 질문을 했을 때 대부분은 오피스텔 매매를 선택했습니다. 그 이유를 들어 보니 전세금은 집주인에게 빌려주는 것이나 마찬가지인 돈이므로 세입자에게 어떤 이득도 없지만, 오피스텔은 가격이 오르면 시세 차익을 얻을 수 있다는 것이었습니다. 이때 전제 조건은 오피스텔 가격이 오른다는 것입니다. 하지만 결과적으로 마곡나루역의 오피스텔 시세는 하락했습니다. 게다가 팔고 싶을 때 안 팔릴 가능성도 존재합니다. 그럼 이제 순서에 맞게 분석해 보겠습니다.

• 누가 주로 살고 있을까?

오피스텔	1인 혹은 2인 가구로, 20~30대 직장인이라고 예상
아파트	근처에 직장이 있는 3인 이상 가구가 거주한다고 예상

• 왜 이곳에 거주하는 것일까?

오피스텔	출퇴근하기 용이한 9호선과 인접해 있어서
아파트	대단지 아파트이기 때문에 아이를 키우기 좋은 환경이어서

• 대체할 공급이 있을까?

오피스텔	9호선을 이용하는 직장인이라면 9호선의 다른 역 근처 오피스텔로 대체 가능
아파트	마곡나루역 근처의 김포 신도시처럼 새롭게 지어진 아파트로 대체 가능

• 마곡나루역에 주변에 새로운 개발이 발생할까?

오피스텔	이미 신도시급 개발이 이뤄졌으므로 당분간 추가 개발은 없다고 예상
아파트	빈 부지가 있는 김포나 인천에는 개발과 공급이 이루어질 것이라고 예상

• 대체할 공급과 주변 개발이 기존 주택 수요에 영향을 미칠 수 있을까?

오피스텔	9호선을 이용하는 1~2인 가구의 경우 시간이 지남에 따라 인프라가 잘 갖춰진 곳이나 신축 건물로 이동할 확률이 높다고 예상(3인 이상 가구와 비교해 상대적으로 위치 이동이 자유로움)
아파트	3인 이상 가구의 경우 인근에 신도시가 생겨 아파트가 공급되는 경우 조금 영향을 받을 수 있지만, 거리가 멀어 큰 영향을 준다고 생각하기 힘든 상황(3인 이상 가구의 경우 자녀가 있을 가능성이 있으므로 학교의 위치적인 안정성이 중요함)

결과적으로 이 신혼부부의 경우 아직 자녀 계획이 없으며 이직 등 여러 가지 변수가 발생할 가능성이 크기 때문에, 오피스텔을 매매해서 돈을 묶어 두기보다는 아파트 전세로 가는 것을 제안했어요. 게다가 오피스텔 가격 상승에 대한 유인 요소가 없다고 판단했기 때문에 매매를 추천하지 않았죠. 그렇다고 항상 오피스텔을 매매를 추천하지 않는 것은 아니에요. 어떤 사람이 무슨 이유로 사려고 하는지가 더 중요합니다.

부동산 매물 정보 찾기

마음에 드는 모든 집을 다 임장하기는 어렵고 비효율적이므로 후보를 추려야 합니다. 최근에는 빅 데이터, 가상 현실 등 첨단 기술을 접목한 부동산 서비스인 '프롭테크(부동산의 Property와 기술의 technology를 합성한 단어)'가 많이 발전했습니다. 그래서 직접 부동산에 방문하지 않아도 부동산 정보에 누구나 손쉽게 접근할 수 있습니다.

부동산 앱 또는 웹을 통해 자신의 기준에 맞는 매물을 찾아봅니다. 그다음 인 접한 지역 또는 비슷한 금액대로 그룹을 만들어 임장하면 됩니다. 부동산 매물 을 찾을 수 있는 플랫폼을 소개합니다.

• 네이버 부동산

 가장 대중적이고 기본적이며, 부동산 공인 중개사가 애용하는 플 랫폼이기도 합니다. 전국에 있는 아파트 매물의 대부분을 찾을 수 있고, 실제 매물을 가장 정확하게 반영하고 있는 편입니다. 네이버 부동산에서 는 기본적으로 부동산 매물의 시세를 확인할 수 있고, 연도별로 매매, 전세, 월세의 실거래가를 그래프 형식으로 제공합니다. 또, 개발 호재, 학군, 편의 시설 등을 지도를 통해 확인할 수 있고, 거리뷰 기능으로 임장 전에 미리 동네 분위기를 확인할 수 있습니다. 부동산 대책에 관련된 최신 정보들도 제공하여 부동산 시장의 흐름을 살펴보기에도 좋습니다.

• 호갱노노

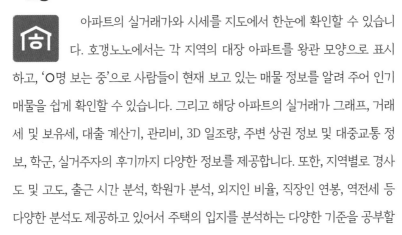

아파트의 실거래가와 시세를 지도에서 한눈에 확인할 수 있습니다. 호갱노노에서는 각 지역의 대장 아파트를 왕관 모양으로 표시하고, 'O명 보는 중'으로 사람들이 현재 보고 있는 매물 정보를 알려 주어 인기 매물을 쉽게 확인할 수 있습니다. 그리고 해당 아파트의 실거래가 그래프, 거래세 및 보유세, 대출 계산기, 관리비, 3D 일조량, 주변 상권 정보 및 대중교통 정보, 학군, 실거주자의 후기까지 다양한 정보를 제공합니다. 또한, 지역별로 경사도 및 고도, 출근 시간 분석, 학원가 분석, 외지인 비율, 직장인 연봉, 역전세 등 다양한 분석도 제공하고 있어서 주택의 입지를 분석하는 다양한 기준을 공부할 수 있습니다.

• 아실(아파트 실거래가)

아실은 아파트 실거래가를 제공하는 플랫폼입니다. 아파트 및 지역과 관련된 다양한 통계를 제공하고 있어, 부동산을 비교 분석하기에 유용합니다. '부동산 스터디'라는 탭에서는 부동산 분석에 필요한 다양한 통계를 제공합니다. 최근 하락, 최고가, 최고 상승 등 아파트 매물의 실거래가와 시세 관련 순위를 비교할 수 있고, 거래량과 매물증감 순위, 공급 물량과 미분양 정보, 학군 비교까지 다양한 정보를 제공합니다.

• 직방

 아파트, 오피스텔, 빌라 등 다양한 매물 정보를 찾을 수 있습니다. 직방에서는 3D 단지 투어 기능을 통해 아파트 세대에서 바라보는 뷰와 일조량 등을 3D 그래픽으로 확인할 수 있어 매우 편리합니다.

• KB부동산

 KB국민은행에서 운영하는 플랫폼으로, KB시세와 실거래가, 공시가격 등을 제공하고 있습니다. 세금 계산기 기능을 통해 취득세, 증여세, 재산세, 종합 부동산세, 양도 소득세까지 계산해 볼 수 있습니다.

• 내집다오

 정부나 지자체에서 운영하는 주택과 관련된 여러 정보를 얻을 수 있습니다. 서울시 역세권 청년주택, 신혼부부 매입임대주택 등 원하는 지역에 해당하는 주택을 찾아볼 수 있어 유용합니다.

아파트 단지 정보 분석하기

아파트의 단지 정보에서 눈여겨볼 만한 항목들을 살펴보겠습니다.

• 세대수

세대수가 많은 단지가 좋다고들 이야기합니다. 사람이 많으면 그만큼 다양한 수요가 생기므로 공급하려는 사람들도 주변에 모입니다. 면적 대비 인구가 많은 도시가 농촌보다 인프라가 잘 형성되어 있는 것을 생각하면 쉽게 이해되실 거예요. 세대수는 어떤 인프라를 얼마나 누리고 싶은지에 따라 영향을 미치는 요소이므로 반드시 확인해야 합니다.

• 사용 승인일

건물이 완공되고 사용 승인을 받은 날짜를 뜻해요. 언제 지어졌는지에 따라 건축물의 노후 상태가 다르겠죠. 건축법이 변경되면서 최근에 지어진 아파트는 옛날과 다른 부분들이 있어요. 예를 들어 2006년부터 거실 구조 변경이 합법화되어 아파트 발코니를 확장하는 것이 가능해지면서, 분양가에는 포함되지 않는 서비스 면적을 만들 수 있게 되었습니다. 또한, 아파트 설계가 유행을 타면서 이

전에는 복도식 아파트가 많았다면, 최근에는 계단식 아파트가 많아졌습니다. 이렇게 지어진 시기에 따라 아파트 구조가 다르기도 합니다. 아무래도 최근 지어진 아파트 구조의 수요가 많겠죠.

• 용적률

용적률은 대지 면적(건축물이 지어진 땅의 면적)에 대한 건축물의 연면적(건물 모든 층의 바닥 면적 합계)의 비율입니다. 예를 들어 100㎡의 땅에 연면적이 200㎡인 건축물을 지었다면 용적률은 200%가 되겠죠. 용적률은 용도 지역(토지를 효율적으로 이용하기 위해 주택, 상업 시설, 공장, 학교 등 용도에 따라 서로 중복되지 않도록 도시 관리 계획으로 결정하는 지역)이라는 구분에 따라 법률로 제한을 두고 있습니다. 현재 아파트는 최대 300%(준주거지역은 500%)의 용적률을 허용하고 있는데, 만약 용적률이 낮은 아파트라면 나중에 재건축할 때 이전보다 더 많은 주택을 지을 수 있겠죠. 새로 공급되는 주택을 분양해서 받은 돈으로 건축비를 충당하면 원래 살고 있던 주민들이 부담할 공사 및 사업 비용이 줄어듭니다. 용적률은 주택을 재건축할 때 중요한 수치 중의 하나라는 결론이 나옵니다.

• 건폐율

건폐율은 대지 면적에 대한 건축 면적의 비율로, 건축 밀도를 나타내는 지표입니다. 예를 들어 100㎡의 땅에 건물 1층의 바닥 면적이 60㎡인 건축물을 지었다면 건폐율은 60%입니다. 아파트의 건폐율이 낮을수록 녹지나 공원 등이 잘 조성되어 있고 채광이 좋아 쾌적한 주거 환경일 가능성이 큽니다. 반대로 건폐율이 높을수록 건물이 다닥다닥 붙어있어 채광, 조망, 사생활 보호 등의 측면에서 불편을 겪을 수 있습니다.

• 면적

　같은 아파트 단지 안에서도 동마다 면적과 구조가 다릅니다. 개인적으로는 한 단지 안에 다양한 가구 형태가 섞여 있을수록 치안 및 인프라 측면에서 생활이 더욱 만족스러울 것이라고 예상합니다. 시간대별로 여러 사람이 상주하고, 인프라와 상권이 잘 형성될 테니까요. 아파트의 면적 구성이 다양할수록 1인 가구부터 4인 이상의 가구까지 존재할 가능성이 커지겠죠. 그리고 면적별 구조가 어떻게 다른지도 꼼꼼하게 확인하는 것이 좋습니다. 보통 가장 넓은 면적이 가장 좋은 곳에 위치하는 편입니다.

부동산 방문하기

부동산 중개소는 왠지 모르게 긴장되고 불편하지 않나요? 마치 나의 정보를 캐내려고 한다는 느낌이 들어서 그런 것일 텐데요. 하지만 그것도 다 이유가 있어요. 여러분이 자동차를 산다고 생각해 보세요. 판매원이 어떤 것들을 물어볼까요? 예산이 얼마인지, 어떤 목적으로 구매하는지, 가족 중 어린이도 있는지, 주행 거리가 보통 어느 정도인지 등이 있겠죠. 이렇게 자동차를 이용하는 목적이나 환경을 알면 수많은 차 중에 구매자에게 적합한 자동차를 추천해 줄 수 있잖아요. 마찬가지로 부동산에서도 예산, 매매 목적, 입주 시기, 선호 사항 등을 자세히 말해 주면 고객에게 맞는 부동산을 찾기가 쉬워요.

부동산에 방문하면 어떻게 대화를 시작해야 할지 막막하시죠? 공인 중개사와 나눌 수 있는 이야기에는 이런 것들이 있습니다.

• 주택과 관련된 이야기
전세를 구할 것인지, 아파트를 매매할 것인지, 빌라를 매매할 것인지, 입주 시기는 언제인지 등을 이야기합니다.

- **예산과 관련된 이야기**

현금이 얼마나 있는지, 보증금은 얼마 정도를 예상하는지, 대출을 얼마 정도 받아야 하는지 등을 이야기합니다.

- **주거 환경과 관련된 이야기**

역과의 거리, 층수, 집의 방향, 동네 환경 등 거주 측면에서 선호하거나 피하고 싶은 것들을 이야기합니다.

이밖에도 개인에 따라 다양한 이야기들이 존재할 것입니다. 지금 당장 집을 살 수 없더라도 앞에서 작성한 내 집 마련 계획서를 토대로 진짜 집을 산다고 생각하고 부동산에 방문해 보세요. 더 많은 것을 보고 들을 수 있을 것입니다.

임장을 가서 무엇을 봐야 할까요?

🏠집

전망 : 실내에서 창을 통해 보이는 풍경이 어떤지 봅니다.

채광 : 실내에 얼마나 햇빛이 잘 들어오는지 봅니다. 오전과 오후 모두 방문해
보는 것이 좋습니다.

수압 : 주방과 욕실의 물을 동시에 틀었을 때 수압이 약하지는 않은지 확인하고
양변기의 물도 내려 봅니다.

누수 : 집에 물이 새는 곳은 없는지 확인합니다.

통풍 : 환기가 잘 되는지 확인합니다. 창문의 크기와 얼마나 열리는지도 확인합
니다.

🏠주변 환경

교통 : 역이나 정류장까지 걸어서 얼마나 걸리는지, 경로는 어떤지 확인합니다.

공원 : 산책로가 있는지 살펴봅니다.

인프라 : 주변 생활 시설과 상권은 어떤지 살펴봅니다.

치안 : 늦은 시간에도 집에 가는 길이 안전한지 걸어 봅니다.

학교 : 초등학교까지 걸어서 얼마나 걸리는지, 가는 길은 안전한지 확인합니다.

거주민 : 동네에 어떤 사람들이 살고, 유동인구가 얼마나 되는지 확인합니다. 아이들이 많은지, 직장인이 많은지 연령대와 구성원도 확인해 봅니다.

임장 후에는 바로 임장 노트에 후기를 작성합니다. 그날 작성하지 않으면 잘 기억이 안 나거든요. 사진도 찍어 두면 나중에 다시 보더라도 기억하는 데 도움이 됩니다.

매매 계약 진행 과정

마지막으로 부동산 매매 계약서를 통해 계약 과정에 대해 간단하게 알아보겠습니다. 아래 양식은 한국공인중개사협회의 부동산 매매 계약서 양식입니다.

부 동 산 매 매 계 약 서

매도인과 매수인 쌍방은 아래 표시 부동산에 관하여 다음 계약 내용과 같이 매매계약을 체결한다.

1.부동산의 표시

소 재 지					
토 지	지 목		대지권		면 적 ㎡
건 물	구조·용도		연 적		㎡

2. 계약내용

제 1 조 (목적) 위 부동산의 매매에 대하여 매도인과 매수인은 합의에 의하여 매매대금을 아래와 같이 지불하기로 한다.

매매대금	금		원정(₩)
계 약 금	금	원정은 계약시에 지불하고 영수함. 영수자(㊞)	
융 자 금	금	원정(은행)을 승계키로 한다. 임대보증금 총 원정을 승계키로 한다.	
중 도 금	금	원정은 년 월 일에 지불하며	
	금	원정은 년 월 일에 지불한다.	
잔 금	금	원정은 년 월 일에 지불한다.	

제 2 조 (소유권 이전 등) 매도인은 매매대금의 잔금 수령과 동시에 매수인에게 소유권이전등기에 필요한 모든 서류를 교부하고 등기절차에 협력하며, 위 부동산의 인도일은 년 월 일로 한다.

제 3 조 (제한물권 등의 소멸) 매도인은 위의 부동산에 설정된 저당권, 지상권, 임차권 등 소유권의 행사를 제한하는 사유가 있거나, 제세공과 기타 부담금의 미납금 등이 있을 때에는 잔금 수수일까지 그 권리의 하자 및 부담 등을 제거하여 완전한 소유권을 매수인에게 이전한다. 다만, 승계하기로 합의하는 권리 및 금액은 그러하지 아니하다.

제 4 조 (지방세 등) 위 부동산에 관하여 발생한 수익의 제세공과금 등의 부담은 위 부동산의 인도일을 기준으로 하되, 지방세의 납부의무 및 납부책임은 지방세법의 규정에 의한다.

제 5 조 (계약의 해제) 매수인이 매도인에게 중도금(중도금이 없을 때에는 잔금)을 지불하기 전까지 매도인은 계약금의 배액을 상환하고, 매수인은 계약금을 포기하고 본 계약을 해제할 수 있다.

제 6 조 (채무불이행과 손해배상) 매도인 또는 매수인이 본 계약상의 내용에 대하여 불이행이 있을 경우 그 상대방은 불이행한자에 대하여 서면으로 최고하고 계약을 해제할 수 있다. 그리고 계약당사자는 계약해제에 따른 손해배상을 각각 상대방에게 청구할 수 있으며, 손해배상에 대하여 별도의 약정이 없는 한 계약금을 손해배상의 기준으로 본다.

제 7 조 (중개보수) 개업공인중개사는 매도인 또는 매수인의 본 계약 불이행에 대하여 책임을 지지 않는다. 또한, 중개보수는 본 계약체결과 동시에 계약 당사자 쌍방이 각각 지불하며, 개업공인중개사의 고의나 과실없이 본 계약이 무효·취소 또는 해제되어도 중개보수는 지급한다. 공동 중개인 경우에 매도인과 매수인은 자신이 중개 의뢰한 개업공인중개사에게 각각 중개보수를 지급한다.(중개보수는 거래가액의 %로 한다.)

제 8 조 (중개보수 외) 매도인 또는 매수인이 본 계약 이외의 업무를 의뢰한 경우 이에 관한 보수는 중개보수와는 별도로 지급하며 그 금액은 합의에 의한다.

제 9 조 (중개대상물확인·설명서 교부 등) 개업공인중개사는 중개대상물 확인·설명서를 작성하고 업무보증관계증서(공제증서 등) 사본을 첨부하여 계약체결과 동시에 거래당사자 쌍방에게 교부한다.

특약사항

본 계약을 증명하기 위하여 계약 당사자가 이의 없음을 확인하고 각각 서명날인 후 매도인, 매수인 및 개업공인중개사는 매장마다 간인하여야 하며, 각각 1통씩 보관한다.

년 월 일

매 도 인	주 소				
	주민등록번호		전 화	성 명	㊞
	대 리 인	주소	주민등록번호	성 명	
매 수 인	주 소				
	주민등록번호		전 화	성 명	㊞
	대 리 인	주소	주민등록번호	성 명	
개 업 공 인 중 개 사	사무소소재지		사무소소재지		
	사무소명칭		사무소명칭		
	대 표	서명날인 ㊞	대 표	서명날인 ㊞	
	등 록 번 호	전화	등 록 번 호	전화	
	소속공인중개사	서명날인 ㊞	소속공인중개사	서명날인 ㊞	

• 부동산의 표시

매도인과 매수인 쌍방은 아래 표시 부동산에 관하여 다음 계약 내용과 같이 매매계약을 체결한다.						
1.부동산의 표시						
소 재 지						
토 지	지 목		대지권		면 적	㎡
건 물	구조·용도		연 적			㎡

매도인(파는 사람)과 매수인(사는 사람)이 어떤 부동산을 거래하는 것인지에 대한 정보를 기재합니다. 등기부 등본(부동산에 대한 기본 정보 및 권리관계 등을 확인할 수 있는 문서)과 건축물대장(건축물의 기본 정보 및 용도, 소유자, 신축·변경 사항 등을 확인할 수 있는 문서)에 쓰여 있는 내용을 그대로 작성합니다. 매수인은 등기부 등본과 비교하여 표제부의 표시란에 기재된 정보와 일치하는지 확인해야 합니다.

• 계약 내용

2. 계약내용							
제 1 조 (목적) 위 부동산의 매매에 대하여 매도인과 매수인은 합의에 의하여 매매대금을 아래와 같이 지불하기로 한다.							
매매대금	금			원정(₩			)
계 약 금	금		원정은 계약시에 지불하고 영수함.	영수자(			⑪)
융 자 금	금	원정(	은행)을 승계키로 한다.	임대보증금	총	원정 을 승계키로 한다.	
중 도 금	금		원정은	년	월	일에 지불하며	
	금		원정은	년	월	일에 지불한다.	
잔 금	금		원정은	년	월	일에 지불한다.	

매매 대금, 계약금, 중도금, 잔금이 맞게 기재되어 있는지 확인합니다. 이때 금액도 중요하지만, 날짜도 굉장히 중요합니다. 계약금은 계약서를 작성하는 날짜에 지급합니다. 통상적으로 계약금은 매매 대금의 10%입니다.

중도금은 있을 수도 있고 없을 수도 있습니다. 만약 해당 부동산에 거주자가 있다면 이사 등 다양한 이유로 잔금일 전에 일부 금액이 필요한 경우가 있습니다. 보통 중도금을 내야 하는 조건이 많이 붙어 있고, 매도인과 매수인이 협의하여 금액과 날짜를 정합니다. 매수인은 돈을 마련할 수 있는 현실적인 상황을 잘 설명해야 하며, 매도인은 돈이 언제까지 얼마가 필요한지 알려 줘야 합니다.

잔금을 지급하는 날은 매수인이 부동산을 인계받는 날짜로, 전체 매매 대금 중 계약금 및 중도금을 제하고 남은 금액을 지급하여 거래를 완료합니다. 잔금을 지급하는 날에 매도인은 소유권 이전 등기에 필요한 서류를 매수인에게 전달해야 합니다. 만약 부동산을 넘겨주는 날을 따로 정하는 경우 계약서에 기재해야 합니다.

• 조항 및 특약 사항

제 2 조 (소유권 이전 등) 매도인은 매매대금의 잔금 수령과 동시에 매수인에게 소유권이전등기에 필요한 모든 서류를 교부하고 등기절차에 협력하며, 위 부동산의 인도일은　　　년　　　월　　　일로 한다.

제 3 조 (제한물권 등의 소멸) 매도인은 위의 부동산에 설정된 저당권, 지상권, 임차권 등 소유권의 행사를 제한하는 사유가 있거나, 제세공과 기타 부담금의 미납금 등이 있을 때에는 잔금 수수일까지 그 권리의 하자 및 부담 등을 제거하여 완전한 소유권을 매수인에게 이전한다. 다만, 승계하기로 합의하는 권리 및 금액은 그러하지 아니하다.

제 4 조 (지방세 등) 위 부동산에 관하여 발생한 수익의 귀속과 제세공과금 등의 부담은 위 부동산의 인도일을 기준으로 하되, 지방세의 납부의무 및 납부책임은 지방세법의 규정에 의한다.

제 5 조 (계약의 해제) 매수인이 매도인에게 중도금(중도금이 없을 때에는 잔금)을 지불하기 전까지 매도인은 계약금의 배액을 상환하고, 매수인은 계약금을 포기하고 본 계약을 해제할 수 있다.

제 6 조 (채무불이행과 손해배상) 매도인 또는 매수인이 본 계약상의 내용에 대하여 불이행이 있을 경우 그 상대방은 불이행한자에 대하여 서면으로 최고하고 계약을 해제할 수 있다. 그리고 계약당사자는 계약해제에 따른 손해배상을 각각 상대방에게 청구할 수 있으며, 손해배상에 대하여 별도의 약정이 없는 한 계약금을 손해배상의 기준으로 본다.

제 7 조 (중개보수) 개업공인중개사는 매도인에게 또는 매수인의 본 계약 불이행에 대하여 책임을 지지 않는다. 또한, 중개보수는 본 계약체결과 동시에 계약 당사자 쌍방이 각각 지불하며, 개업공인중개사의 고의나 과실없이 본 계약이 무효·취소 또는 해제되어도 중개보수는 지급한다. 공동 중개인 경우에 매도인과 매수인은 자신이 중개 의뢰한 개업공인중개사에게 각각 중개보수를 지급한다.(중개보수는 거래가액의　　　%로 한다.)

제 8 조 (중개보수 외) 매도인 또는 매수인이 본 계약 이외의 업무를 의뢰한 경우 이에 관한 보수는 중개보수와는 별도로 지급하며 그 금액은 합의에 의한다.

제 9 조 (중개대상물확인·설명서 교부 등) 개업공인중개사는 중개대상물 확인·설명서를 작성하고 업무보증관계증서(공제증서 등) 사본을 첨부하여 계약체결과 동시에 거래당사자 쌍방에게 교부한다.

특약사항

부동산 매매 계약과 관련된 조항으로, 모든 부동산 매매 계약서에 적혀 있는 내용입니다. 부동산 인도일을 잔금일이 아닌 다른 날짜로 지정하는 경우 제2조 소유권 이전과 관련된 조항에 따로 기록합니다. 이외에 특별히 넣고 싶은 내용이 있다면 매도인과 매수인이 협의하여 특약 사항에 기재하면 됩니다.

• 계약 당사자 확인

본 계약을 증명하기 위하여 계약 당사자가 이의 없음을 확인하고 각각 서명·날인 후 매도인, 매수인 및 개업공인중개사는 매장마다 간인하여야 하며, 각각 1통씩 보관한다.　　　　　　　　　　　　　　　　　　　　　　년　　　월　　　일

매도인	주　　　소							인
	주민등록번호			전　　화		성　명		
	대　리　인	주소		주민등록번호		성　명		
매수인	주　　　소							인
	주민등록번호			전　　화		성　명		
	대　리　인	주소		주민등록번호		성　명		
개업공인중개사	사무소재지			사무소재지				
	사무소명칭			사무소명칭				
	대　　표	서명및날인	인	대　　표	서명및날인			인
	등록번호		전화	등록번호			전화	
	소속공인중개사	서명및날인	인	소속공인중개사	서명및날인			인

　매도인과 매수인, 공인 중개사에 대한 정보를 적습니다. 매수인은 매도인의 주민 등록증과 대조하여 본인이 맞는지 확인해야 합니다. 만약 대리인이 왔다면 매도인의 인감 증명서가 첨부된 위임장과 대리인의 신분증을 확인하고 사본을 받아 놓는 것이 좋습니다. 매도인, 매수인, 공인 중개사가 계약서마다 서명을 날인하면 계약이 마무리됩니다. 계약서는 각자 1통씩 보관합니다.

　계약서를 작성하기 전에 계약금, 중도금, 잔금에 대한 사항과 특약 사항을 미리 협의하면 좋겠죠. 다만 모든 일이 생각하고 계획한 대로 흐르지 않는다는 사실만 기억해 두시면 좋겠어요. 이런 이야기를 미리 해놓아야 충격을 피하실 수 있을 것 같아 노파심에 한마디만 덧붙입니다. 계약 당일에 매도인이 매매 금액을 높일 수도 있고, 매수인이나 매도인이 아무런 이유 없이 나타나지 않을 수도 있습니다. 생각지도 못했던 일이 일상에서 일어나는 것처럼, 부동산 거래에서도 일어날 수 있다는 것만 기억해 두세요. 좀 더 마음 편하게 계약하셨으면 하는 마음에 이야기해 봅니다.

🏠 행정 절차

소유권 이전을 하기 위해서는 등기 서류가 필요합니다. 보통 아래와 같습니다.

매도인	매수인
등기필증(등기 권리증)	매매 계약서 원본
매도용 인감 증명서	주민 등록 등본
주민 등록 초본	가족 관계 증명서
인감도장	도장
신분증	신분증

위의 등기 서류를 준비한 뒤 보통은 법무사에게 등기 이전을 요청합니다. 법무사에게 위임하지 않고 직접 등기하는 것도 가능하기는 하지만, 절차가 복잡하고 번거로워서 보통은 법무사를 통해 진행하는 편입니다. 일반적인 상황이 아닌 경우에는 법무사가 요청하는 서류를 추가로 준비하면 됩니다. 그리고 당일 등기 접수를 하면 행정 절차로 인해 다음 날 등기에 반영됩니다. 법무사로부터는 등기 권리증과 취득세 등의 등기 법무 비용 영수증을 받을 수 있습니다.

🏠 계약서 작성보다 중요한 것은 마음가짐

앞으로 어떤 일이 일어날지 머릿속으로 상상하는 것과 실제로 그 일을 마주하는 것은 꽤 다릅니다. 막상 예상했던 상황이 실제로 닥쳤을 때의 내 마음도 예상과는 완전히 다를 수 있다는 것을 알아만 두어도 도움이 됩니다. 부동산 계약, 특히 첫 매매 계약과 같이 어쩌면 인생에서 가장 큰 금액을 주고받는 순간이 여기 해당할 수 있죠. 막상 큰 금액이 오간다고 생각하니 떨리기도 하고, 이게 과연 최선일까 싶은 여러 가지 마음이 교차하게 됩니다. 때로는 마음의 결정을 내리지 못하고 고민만 하다가 기회를 떠나보내기도 하죠.

물론 계약서를 작성하는 순간에는 많은 것들을 꼼꼼하게 따져볼 필요가 있어요. 하지만 그보다 앞서 필요한 것은 내 선택에 후회가 없도록 만드는 과정이에요. 지금까지 오랜 시간에 걸쳐 설명해 온 것들이죠. 왜 내가 이런 선택을 하는지 스스로에게 질문을 던져 보세요. 그리고 그 답변으로 나 자신을 설득할 수 있다면 나중에 어떤 문제가 생기더라도 갈대처럼 흔들리지 않고 버틸 수 있습니다. 부동산 계약은 마지막 관문이 아니라, 또 다른 시작이에요.

부동산과 관련된 세금

부동산과 관련된 세금은 크게 3가지가 있습니다. 부동산을 취득할 때, 보유할 때, 팔 때 내는 세금입니다.

🏠 취득세

부동산을 취득할 때 내는 세금입니다. 다주택자라면 양도 소득세처럼 세금이 중과될 수도 있습니다. 부동산 시장과 정책에 따라 자주 변동되는 부분이니 다주택자일수록 주의 깊게 보아야 하는 부분입니다. '부동산 취득세 계산기'라고 검색하여 취득한 주택에 대한 정보를 입력하면 취득세를 계산해 볼 수 있습니다. 가장 정확한 곳은 행정안전부에서 운영하는 '위택스'이니 취득세 계산 시 참고해 보세요.

🏠 보유세

보유세는 부동산을 가지고 있는 기간 동안 내야 하는 세금입니다. 보유세에는 재산세와 종합 부동산세가 있습니다. 보유 기준일은 6월 1일로, 부동산을 보유하고 있는 소유주 기준으로 세금을 계산하게 됩니다. 보유세는 국토교통부에서 발표하는 공시 가격을 기준으로 세금을 부과합니다.

종합 부동산세는 일정 금액 이상의 부동산을 보유할 때 내는 세금으로, 재산이 많은 사람에게 부과하는 세금이라고 생각하면 됩니다. 종부세에 대한 기준도 정책에 따라 변동되는 부분이니 다주택자라면 주의 깊게 확인할 필요가 있습니다.

⌂ 양도 소득세

부동산을 팔 때 양도 차익에 대하여 부과되는 세금입니다. 여러분이 주택을 사서 거주한다고 했을 때 몇 년 정도 거주하게 될까요? 사람마다 다르겠지만 아마 첫 번째 집이 마지막이 될 확률은 굉장히 낮죠. 그렇다면 나중에 팔 계획도 세워야 합니다.

만약 양도 차익 2억에 대해 아무런 혜택 없이 양도 소득세를 낸다면 얼마 정도 내야 할까요? 대략 절반인 1억이라고 생각하면 됩니다(모든 양도 소득세가 그런 것은 아니고, 충격 요법을 위해 살짝 과장해 보았습니다). 만약 여러분이 6억에 주택을 사고 10억에 판다고 생각해 보세요. 그럼 4억의 양도 차익이 생기죠. 이때 양도 소득세를 고려하지 않고 그다음 주택을 살 때 차익인 4억을 예산으로 쓸 수 있다고 생각하면 문제가 생길 수밖에 없습니다.

자, 여기서 잠깐! 양도 소득세 비과세가 있다는 것을 아셔야 합니다. 양도 소득세를 한 푼도 내지 않아도 되는 경우가 있다는 말인데요. 비과세 조건을 만족하면 매도가 12억 이하의 주택에 대해서는 양도 소득세를 내지 않아도 됩니다. 취득한 주택에서 2년 이상 거주하고 보유하는 조건을 만족하면 양도 소득세 비과세 혜택을 받을 수 있습니다. 너무 좋은 조건이죠. 문제는 이 세금에 대한 조건이 상당히 자주 바뀐다는 점입니다. 최근에는 고가 주택의 기준을 2008년에 정했던 9억에서 2021년 12억으로 변경해서 2022년부터 시행하고 있어요. 매도가 9억 이하의 주택에 대해서 비과세를 적용했는데 12억 이하로 변경된 거죠. 이처럼 주택을 보유하게 되면 양도 소득세에 대한 정책을 계속 살펴야 합니다. 이 사실을 몰랐을 때 세금에 대한 부담은 오로지 주택을 소유한 사람의 몫이니까요. 또 이외에도 12억을 초과하는 주택에 대한 세율이 주택을 보유한 기간이나 거주한 기간에 따라 달라집니다. 이 부분도 자주 바뀌기 때문에 유심히 지켜봐야 합니다.

지금 당장 부동산을 많이 보유하고 있지 않더라도 세금에 대한 부분을 어느 정도 알고 있어야 앞으로 계획을 세울 때 놓치지 않을 수 있습니다. 우리의 인생이 길게 이어지고 부동산 비중이 총자산에서 꽤 많은 부분을 차지할 수 있기 때문입니다.

부록

Step 1. 나의 자산과 현금 흐름 파악하기

● 재무 상태표
단위 : 원

자산		부채	
총자산		총부채	

총자산 - 총부채 :

● 현금 흐름표
단위 : 원

수입		지출	
총수입		총지출	

총수입 - 총지출 :

Step 1. 나의 자산과 현금 흐름 파악하기

● 재무 상태표

단위 : 원

자산	부채
총자산	총부채

총자산 - 총부채 :

● 현금 흐름표

단위 : 원

수입	지출
총수입	총지출

총수입 - 총지출 :

Step 2. 목표 로드맵 작성하기

● 1년 동안 _____ 원 모으기

20___년 ___월 ___일 > 20___년 ___월 ___일 > 20___년 ___월 ___일 > 20___년 ___월 ___일 > 20___년 ___월 ___일 > 20___년 ___월 ___일

20___년 ___월 ___일 > 20___년 ___월 ___일 > 20___년 ___월 ___일 > 20___년 ___월 ___일 > 20___년 ___월 ___일 > 20___년 ___월 ___일

● 저축 차트

날짜	저축 금액	저축 누계
	원	원
	원	원
	원	원
	원	원
	원	원
	원	원

날짜	저축 금액	저축 누계
	원	원
	원	원
	원	원
	원	원
	원	원
	원	원

Step 2. 목표 로드맵 작성하기

● 1년 동안 _____ 원 모으기

20___년 ___월 ___원 > 20___년 ___월 ___원 > 20___년 ___월 ___원 > 20___년 ___월 ___원 > 20___년 ___월 ___원 > 20___년 ___월 ___원

20___년 ___월 ___원 > 20___년 ___월 ___원 > 20___년 ___월 ___원 > 20___년 ___월 ___원 > 20___년 ___월 ___원 > 20___년 ___월 ___원

● 저축 차트

날짜	저축 금액	저축 누계
	원	원
	원	원
	원	원
	원	원
	원	원
	원	원

날짜	저축 금액	저축 누계
	원	원
	원	원
	원	원
	원	원
	원	원
	원	원

Step 3. 주택 기준 정하기

● 나의 대출 적정 금액 : _____ 원 / 월 상환 적정 금액 : _____ 원

● 주택 선택 기준 및 순위

①

②

③

④

⑤

Step 3. 주택 기준 정하기

● 나의 대출 적정 금액 : _____ 원 / 월 상환 적정 금액 : _____ 원

● 주택 선택 기준 및 순위

① _____

② _____

③ _____

④ _____

⑤ _____

Step 4. 주택 후보 선정하기

● 주택 후보 : _____

● 매입 시기 : 20 _____ 년(_____ 세)

● 주택 매매가 : _____ 원(LTV : _____ %)

● 예산 : 현금 _____ 원 / 대출 _____ 원(매달 _____ 원씩 상환, _____ 년 동안)

[장점]

① _____

② _____

③ _____

[단점]

① _____

② _____

③ _____

Step 4. 주택 후보 선정하기

- 주택 후보 : _____

- 매입 시기 : 20 ____ 년(____ 세)

- 주택 매매가 : _____ 원(LTV : ____ %)

- 예산 : 현금 _____ 원 / 대출 _____ 원(매달 _____ 원씩 상환, ____ 년 동안)

[장점]

① _____

② _____

③ _____

[단점]

① _____

② _____

③ _____

임장 노트

임장 정보	임장 날짜	방문 회차	재방문 일정
기본 정보	지역		아파트명
	사용승인일	전용면적(실평수)	방수/욕실수
	세대수	현관구조	난방
가설 및 검증	임장 전(손품)		임장 후(발품)
기타			

임장 노트

임장 정보	임장 날짜	방문 회차	재방문 일정
기본 정보	지역		아파트명
	사용승인일	전용면적(실평수)	방수/욕실수
	세대수	주차대수	현관구조	난방
가설 및 검증	임장 전(손품)		임장 후(발품)
기타			

임장 노트

임장 정보	임장 날짜	방문 회차	재방문 일정
기본 정보	지역		아파트명
	사용승인일	전용면적(실평수)	방수/욕실수
	세대수	주차대수	현관구조	난방
가설 및 검증	임장 전(손품)		임장 후(발품)
기타			

임장 노트

임장 정보	임장 날짜		방문 회차		재방문 일정	
기본 정보	지역				아파트명	
	사용승인일		전용면적(실평수)		방수/욕실수	
	세대수		주차대수	현관구조	난방	
		임장 전(손품)			임장 후(발품)	
가설 및 검증						
기타						

단지 좋아하는 마음만으로 인생의 경로를 이렇게까지 수정해도 되는 걸까? 이 친숙하고 안전한 세상을 떠나 막상 새로운 곳에 도착했을 때 잘못된 선택이었다는 것만 확인하게 되면 어쩌지. 두렵고 혼란스러웠다.

한 가지가 확실했고 그것으로 도전할 이유는 충분했다. 지금 걷는 이 길을 단념하고 새로 길을 떠나야만, 이 선택이 옳은지 그른지 판단할 수 있으리라는 것.

– 『아무튼, 무대』(황정원 지음, 코난북스, 2022) 중

부동산 일을 시작하는 마음이 위의 문장과 비슷했습니다. 맨 처음 부동산을 매매했을 때도 같은 심정이었어요. 여러분이 부동산을 접하는 마음도 저와 비슷하지 않을까 예상하며 적어 봅니다.

단지 부동산이 필요하다는 마음만으로 큰돈을 써도 되는 걸까, 지금 익숙한 환경에서 살아가는 것이 훨씬 덜 힘들지 않을까, 잘못된 선택을 하지는 않을까. 많은 불안감이 드는 것이 당연합니다. 오히려 그런 마음이 생기지 않는다면 이상한 일이지 않을까요.

부동산을 가지려면 도전할 수밖에 없습니다. 그것만으로 도전할 이유가 충분합니다. 큰돈을 사용하는 일인 만큼 부동산을 사는 비용을 아깝지 않은 경험으로 만들어 드리고 싶어서 책을 쓰게 됐습니다.

부동산을 처음 공부했을 때부터 많은 정보들이 부동산을 단지 투자의 대상으로 다루고 있었어요. 하지만 제가 생각하고 살아가는 세상에는 부동산이 단지 투자의 대상이 아니라 '집'이라는 시선도 분명히 존재했거든요. 부동산 시장에도 다양한 생각이 있다는 사실을 알리고 싶었습니다.

자본주의 세상에서 돈과 관련된 것이 아니면 외면당하는 것에 때론 화가 나기도 했습니다. 물론 부동산을 사려면 돈이 필요한 게 당연하고, 자본주의의 혜택을 부정하려는 것이 아닙니다. 그 안에서도 자신에게 의미 있게 돈을 쓰고, 나만의 이야기를 부동산에 담을 수 있다고 말하고 싶었습니다.

부동산이 돈이라고 인식되는 세상에서, 자신의 기준을 따라 용기 있게 부동산에 도전하려는 분들에게 이 책이 작은 변화의 씨앗이 되길 기대합니다.

– 태유정 –

내 집을 갖고 싶은 당신을 위한 최소한의 부동산 공부

가볍게 읽는 부동산 왕초보 상식

초 판 2 쇄 발 행	2024년 04월 30일
초 판 발 행	2023년 12월 20일
발 행 인	박영일
책 임 편 집	이해욱
저 자	태유정
편 집 진 행	강현아
표 지 디 자 인	박종우
편 집 디 자 인	김지현
발 행 처	시대인
공 급 처	(주)시대고시기획
출 판 등 록	제 10-1521호
주 소	서울시 마포구 큰우물로 75 [도화동 538 성지 B/D] 6F
전 화	1600-3600
홈 페 이 지	www.sdedu.co.kr

I S B N	979-11-383-6256-6(03320)
정 가	15,000원

시대인은 종합교육그룹 (주)시대고시기획 · 시대교육의 단행본 브랜드입니다.